Bernd A. Pelzer

Ab heute bin ich glücklich

Bernd A. Pelzer

Ab heute bin ich glücklich

So führen Sie das Leben,
das Sie schon immer wollten

Lernen Sie das Glück
zu finden und zu behalten

humboldt

Träume ergründen und deren Sehnsüchte hinterfragen. Warum verfehlen auch die anderen viele ihrer Traumziele, geben sie vorschnell auf, rationalisieren mit allerlei Argumenten den Verzicht auf ihre Träume?
Wir stellen dann sehr schnell fest, dass wir genauso wie viele andere in unserem Alltag gefangen sind: Wir stecken fest in einem Netz aus Beziehungen, gesellschaftlichen Vorstellungen und selbst erstellten Vorschriften: „Das tut man nicht", „Nimm bitte Rücksicht", „Kann das überhaupt gut gehen?" Diese Glaubenssätze erfahren wir bereits in unserer Kindheit und übernehmen sie später relativ unkritisch in das Repertoire unserer Lebensphilosophie. Unsere Betrachtungsweisen, Dogmen und Paradigmen begleiten uns ständig, ganz still und klammheimlich und sorgen dafür, dass wir uns oft in einem inneren Konflikt zwischen Wollen, Wagen, Trauen und Können befinden.
Und nachdem wir immer alle Regeln brav befolgt haben, dem Partner oder der Partnerin stets zuverlässig zur Seite gestanden haben, den Kindern eine gute Mutter oder dem Chef ein zuverlässiger Mitarbeiter gewesen sind, stellen wir fest, dass das Alter auch uns nicht vergessen hat: Oft erschrecken wir beim Blick ins Fotoalbum, wenn wir uns selbst sehen und uns die deutlich vergangenen Jahre entgegenlächeln. Was kommt jetzt noch, bleiben wir gesund, wann wird das Leben „endlich losgehen"? Ist es so, dass es mit 66 erst so richtig anfängt oder wir schnellstens nach New York sollten, weil wir noch niemals da waren? Oder

stellen Sie sich in solchen Momenten die Frage, ob es sein muss, alle Träume endlich aufzugeben?
Im biologischen Sinn haben wir hier auf der Erde unsere Pflicht erfüllt, wenn wir uns vermehrt haben. Im philosophischen Sinn jedoch sehnen wir uns auch nach Erfüllung, jenem guten Gefühl, das uns dereinst ruhig in unserem Sessel sitzen lässt, mit dem Bewusstsein, etwas Gutes für uns und die Welt getan zu haben. Dieses Gefühl lässt uns nicht so schnell zur Ruhe kommen und wird ganz besonders in der Lebensmitte immer stärker. Es stellt sich uns dann die Frage, ob wir glücklich sind oder es jemals werden können.
Schließen Sie gleich einmal ganz kurz die Augen, spüren Sie in sich hinein und beantworten Sie selbst ganz spontan mit einem einzigen Wort die Frage: „Sind Sie glücklich?" Wenn Sie mit einem lauten und ehrlichen Ja antworten können, dann freuen Sie sich, denn Sie haben es verstanden, Ihrem Leben die richtige Richtung zu geben. Sollten Sie eher Nein gesagt oder gedacht haben, dann wünsche ich Ihnen, dass Sie mit diesem kleinen Buch den rechten Weg zum Glück finden.
Haben Sie je versucht, Ihre Träume Wirklichkeit werden zu lassen? Gehen Sie doch auch einmal chinesisch essen. So ein Spruch aus einem Glückskeks wird Sie daran erinnern, über Ihr eigenes Glück, Ihre Träume und Ihren Lebensweg nachzudenken. Und Glückskekse findet man wirklich überall – im übertragenen Sinn. Sie müssen nicht in Goldpapier verpackt sein, sondern können uns auch von einer

Plakatwand anlächeln oder unscheinbar in unserer Umgebung stattfinden: Ein Zug, der uns beim Warten an der Bahnschranke an unsere großen Reisepläne erinnert; der Kondensstreifen eines Flugzeugs am Himmel, der unsere Sehnsucht nach der Ferne beflügelt. Oder aber ein kleiner Junge, der mit seinem hingebungsvollen Abenteuerspiel in ferne Galaxien vordringt.

Dieses Buch möchte Sie dafür sensibilisieren, Ihre eigenen Träume und Sehnsüchte kennenzulernen, damit das Wort Glück in Ihrem zukünftigen Leben eine große Rolle spielt. Sie werden Strategien erlernen, die Ihnen bei der Erreichung Ihres ganz persönlichen Lebenstraumes oder Ihrer Lebensziele helfen werden. Die richtigen Lottozahlen wird Ihnen dieses Buch vielleicht nicht nennen, aber Sie werden etwas Wertvolleres als den Jackpot erhalten – Glück, Harmonie und Zufriedenheit!

Lassen Sie sich mit mir auf eine Traumreise ein und sich zu Ihren eigenen Wünschen und Zielen leiten und erfahren Sie, wie Sie Ihre Träume realisieren können. Finden Sie Ihr großes oder kleines Glück oder vielleicht sogar sich selbst, und Sie werden um einiges glücklicher werden, als Sie es gerade sind.

Ihr
Bernd A. Pelzer

Glück heißt, die richtigen Gedanken zu haben

Glück beginnt im Kopf – und damit sind nicht die Hormone gemeint. Was im Gehirn und bei den sogenannten Neurotransmittern geschieht, soll uns im Moment nicht interessieren. Wenn ich meine „im Kopf", dann meine ich, dass wir zum Glücklichsein auch die richtigen Gedanken haben müssen.

Was auch immer Ihre ganz persönlichen Träume vom Glück sind, Sie können sie wahr machen. Die Grundregeln lauten:

- Glauben Sie daran, glücklich zu werden!
- Halten Sie Ihre Träume für möglich und realisierbar!
- Entwickeln Sie den Mut zum Träumen!

Stellen Sie sich vor, Sie hätten Ihr Leben eines Tages in dem Sinne gelebt, wie Sie es heute tun. Stellen Sie sich vor, Sie wären sehr alt geworden und es hätte sich nichts in Ihrem Leben verändert. Wären Sie damit zufrieden, wenn Sie am Ende Ihres Lebens diese Rückschau hielten? Was würden Sie vielleicht anders machen? Lassen Sie einmal diesen zugegebenermaßen unangenehmen Gedanken zu, denn es wird

Sie müssen heute etwas verändern, um später nichts bedauern zu müssen!

Ihnen dadurch etwas Wichtiges klarer werden: Sie müssen heute etwas verändern, um später nichts bedauern zu müssen!

An jedem Tag, an dem wir unsere Lebensträume verleugnen, geben wir ein kleines Stückchen mehr vom Glück ab. Jeder dieser Tage ist unwiderruflich vorbei. Nur wenn wir wenigstens einen kleinen Teil unserer Träume ausleben konnten, werden wir später glücklich und zufrieden auf unser Leben zurückblicken. Wenn wir erreicht haben, was wir uns vorgenommen haben, können wir unbesorgt unser Alter genießen, auf ein Potpourri schöner Erfahrungen zurückblicken und sorgenfrei gesund bleiben.

Eine meiner Patientinnen erzählte mir einmal: „Als mein Vater mit 97 Jahren auf dem Sterbebett lag, ohne jemals krank gewesen zu sein, fragte ich ihn, ob er mir noch etwas Wichtiges zu sagen habe. Wissen Sie, was er mir antwortete? ‚Das Leben ist schön, mein Schatz'."

Wie mir meine Patientin berichtete, war er immer glücklich gewesen, hatte ein erfülltes Berufsleben gehabt, ging in seiner Familie auf und hörte auf seine innere Stimme. Er ging mit sich und allen anderen achtsam um und lebte seine Träume, kurz, er war ein zufriedener Mensch.

Oft höre ich Menschen klagen, dass sie ununterbrochen Pech hätten, das Glück immer an ihnen vorübergehe und sie sich vom Schicksal verfolgt fühlten. Frage ich dann genauer nach, was denn in der letzten Zeit Schönes in Ihrem Leben stattgefunden habe, beschreiben die meisten mir ganz lapidar einen Urlaub in der Karibik, die Geburt eines Kindes, eine Hochzeit, einen Universitätsabschluss oder Meisterbrief – irgendetwas Positives kann ich im Gespräch also aus jedem herauslocken, nur im Bewusstsein scheint es nicht richtig verankert zu sein: Wir müssen wieder lernen, unser Denken und Empfinden für positive Ereignisse zu sensibilisieren.

Hadern Sie nicht mit dem Schicksal, ergeben Sie sich nicht in Selbstmitleid und lähmen Sie Ihre Schaffenskraft nicht mit demotivierenden und rückwärts gerichteten Emotionen, weil Sie es angeblich nicht geschafft zu haben oder niemals Glück hatten. Wenn man uns fragt, was wir denn eigentlich gern geschafft hätten, können wir es meist gar nicht genau präzisieren. Ein Konglomerat negativer Gedanken macht es uns unmöglich, unseren ganz konkreten Plan vom Glück aufzustellen und unsere Ziele zu definieren. Lassen Sie uns also gemeinsam konkret werden und die Dinge ganz einfach in die Hand nehmen: Ohne einen Plan können wir kein stabiles Haus bauen, kein entferntes Reiseziel erreichen, ja nicht einmal unseren Arbeitsalltag hinter uns bringen.

Ergeben Sie sich nicht in Selbstmitleid.

Wir sollten uns darüber klar sein, dass auch so etwas Philosophisches wie Glück durchaus einer Planung bedarf. Natürlich wird Glück von vielen verschiedenen Umständen und Faktoren beeinflusst. Der Zufall ist manchmal so gnädig, uns unserer Traumfrau oder unserem Traummann begegnen oder uns die richtigen Lottozahlen tippen zu lassen; er half auch bei der Erfindung des Rades, der Ent-

deckung des Feuers oder des Penicillins. Der Zufall bringt uns ohne unser Zutun aber definitiv nicht all die schönen Dinge in unser Leben, die wir begehren.
Also müssen wir aktiv werden. Erst mit dem Glauben, dass er in Erfüllung geht, wird ein Wunsch Wirklichkeit. Wir müssen lernen, ganz genau in uns hineinzuhorchen und uns zu fragen, was genau es ist, was wir wollen. Die Frage nach der Erreichbarkeit des Ziels brauchen wir uns erst später zu stellen. An jedem Anfang steht der Wunsch. Je genauer wir ihn uns vorstellen, visualisieren, im Geiste durchleben, ihn quasi vor unserem inneren Auge durchleben, desto fester verankern wir ihn in unserem Unterbewusstsein. Damit ist der erste Schritt zur Verwirklichung getan.

Werden Sie aktiv!

Die Macht der Autosuggestion

Das Unterbewusstsein wird alles tun, dass wir dieses von uns so hoch bewertete Ziel auch eines Tages erreichen werden, indem es uns nämlich aufgibt, genau die Dinge zu tun, die sinnvoll sind, um unser letztendliches Ziel zu erreichen. Mit der Verankerung der Wünsche im Unterbewusstsein wächst die Wahrscheinlichkeit der Erfüllung enorm. Visualisieren Sie sich diese Wünsche jeden Tag aufs Neue, träumen Sie, erleben Sie all diese erstrebenswerten Lebenssituationen immer und immer wieder. Erleben Sie Ihren Traum als Yogalehrerin in der Provence, als Perlentaucher in der

Südsee, als Farmer in Australien, als Fabrikchef, Direktor, Professor, was auch immer Sie wollen. Erleben Sie die Traumrolle, den Wunsch, das Lebensziel ganz detailreich in Ihren Tagträumen. Auch kleine Einzelheiten wie die Farbe Ihres Traumautos, die Bauweise und Außenansicht Ihrer Finca auf Mallorca, Ihren Arbeitsplatz als selbstständiger Unternehmer – stellen Sie sich alles genau vor.

Dann machen Sie aus Ihren Träumen und Wünschen Autosuggestionen und Affirmationen (Glaubenssätze). Nehmen Sie sich morgens nach dem Aufwachen eine Minute Zeit, laden Sie sich mit Energie auf und verbalisieren Sie Ihren Traum: „Im März 2011 werde ich mein eigenes Unternehmen haben", „Im Jahr 2012 werde ich in meinem Traumhaus am See wohnen", „Im Frühjahr 2012 werde ich meine Diplomprüfung geschafft haben". Was auch immer Sie wollen, sagen Sie es sich Tag für Tag aufs Neue. Schreiben Sie es außerdem nieder, sammeln Sie alle wissenswerten Informationen darüber. Benutzen Sie positive Formulierungen und niemals das Wort „nicht". Formulieren Sie ein oder zwei ganz prägnante Sätze und sagen Sie sich diese jeden Tag aufs Neue.

Machen Sie aus Ihren Träumen und Wünschen Glaubenssätze.

Glauben Sie an die Kraft Ihres Unterbewusstseins, denn Ihr Unterbewusstsein kann sich angenehme und unangenehme Situationen sehr gut merken.

Der Apotheker Emile Coué erforschte im 19. Jahrhundert die Wirkung der Autosuggestion, indem er eine der

Glauben Sie an die Kraft Ihres Unterbewusstseins.

ersten pharmazeutischen „Doppelblindstudien" machte: Coué überreichte einem Teil seiner Patienten die vom Arzt verschriebenen Medikamente mit den anerkennenden Worten, dass der Doktor ihnen hier ein sehr gutes Medikament verordnet habe, mit welchem sie sehr schnell gesund würden. Einem anderen Teil seiner Kunden übergab er die gleichen Medikamente ohne weitere Erläuterung. Coué war sehr erstaunt, über welch fulminante Heilungsprozesse die Kunden berichteten, denen er das Medikament mit den aufmunternden und suggestiven Worten übergeben hatte. Coué wurde mit diesen Studien weit über die Grenzen Frankreichs hinaus bekannt.

> *Um die Vorstellungskraft zu lenken, ist nur zweierlei nötig: Erstens muss man wissen (und das wissen die wenigsten), dass so etwas möglich ist, und zweitens muss man das Mittel kennen, mit dem man es zuwege bringt. Und dieses Mittel ist ganz einfach. Ohne es zu wollen, im Dunkel des Unbewussten, wenden wir es seit unserem ersten Lebenstag tagtäglich an; durch falsche Anwendung gereicht es uns leider oft zum größten Schaden. Dieses Mittel ist die Autosuggestion.*
>
> Emile Coué

Aus diesen Sätzen wird deutlich, dass wir ganz genau aufpassen müssen, womit wir unser Unterbewusstsein täglich füttern. Möchten wir Glück, Träume und Gesundheit leben, dann sollten wir uns jeden Tag mit den wundervollen positiven Suggestionen konditionieren, die uns unserem Ziel näherbringen, wie z. B. „Es geht mir gut; ich werde mein Ziel erreichen; ich werde nächstes Jahr endlich den lang ersehnten Job haben".

Lassen Sie ab sofort alle negativen Autosuggestionen, wie z. B. die nachfolgenden und ähnliche Sätze aus Ihren Gedanken heraus:

- Ich schaffe das nicht.
- Bestimmt werde ich morgen auch krank sein.
- Ich bin nicht gut genug, schlau genug, stark genug.
- Das geht schief.
- Ich war noch nie gut im Sport.

Denken Sie nicht einmal im Spaß an oder in solchen Sätzen. Diese sind ebenso Autosuggestionen, mit denen Sie ganz ungewollt den Wunsch nach Misslingen in Ihrem Unbewussten abspeichern: Die Teilbereiche unseres Gehirns, die für solche Botschaften zuständig sind, erkennen keinen Unterschied zwischen geäußerter Befürchtung und geäußertem Wunsch.

Für Ihr Unterbewusstsein ist die selbst gegebene Botschaft: „Bald werde ich reich sein" ungefähr mit demselben Stellenwert besetzt wie etwa „Bald werde ich krank sein"; ein morgens auf der Waage dahergesagtes „Ich werde immer dicker" wird ebenso sein Ziel als Autosuggestion finden wie ein „Ich will endlich schlanker werden" – nicht anders also als ein Computerprogramm. Ihrer Computerhardware ist es ziemlich gleich, ob Sie ein harmloses Spieleprogramm starten oder ein verbotenes Gewaltspiel. Und ebenso reagiert Ihr Unbewusstes. Es bemüht sich, der jeweiligen Suggestion mit dem entsprechend konstruierten Programm („reich werden", „schlank werden", „dick werden") zu begegnen. Leider benutzen viele Menschen negative Glaubenssätze. Versuchen Sie zukünftig, nur noch mit positiven Glaubenssätzen zu arbeiten, wie beispielsweise:

- Ich schaffe alles, was ich will.
- Bald werde ich meinen Traumjob haben.
- Ich liebe meinen Körper.
- Ich bin ganz gesund und voller Kraft.
- Ich werde tief und fest schlafen.
- Ich traue mir etwas zu.
- Ich werde den Sportwettkampf gewinnen.

Denken Sie sich jetzt gleich ein paar positive Autosuggestionen aus – was immer Sie wollen, können Sie sich selbst sagen. Durch die häufige Wiederholung – täglich! – werden Sie diese Autosuggestionen tief in Ihrem Unterbewusstsein verankern. Sind die Suggestionen richtig, dann schaffen Sie es sogar, frühere negative Suggestionen damit zu „überschreiben": Studien zeigen, dass positive Suggestionen über unser Nervensystem bis in jede kleinste Zelle wirken können. Damit haben Sie ein wertvolles Instrument, mit dem Sie selbst eine positive psychosomatische Wirkung ausüben können.

Sie können sogar frühere negative Autosuggestionen „überschreiben".

Ein sehr eindrucksvoller Beweis dafür, wie Suggestionen körperliche Wirkungen hervorbringen können, wurde von einem Hypnotiseur in den USA erbracht: Er schaffte es, in einem kontrollierten Versuch Menschen in Hypnose zu suggerieren, er halte ihnen gerade ein glühendes Eisen auf die Haut, was zur Folge hatte, dass sich bei einigen der Probanden tatsächlich Brandblasen an der angegebenen Stelle bildeten – ohne dass überhaupt eine Verbrennung erfolgt war!

Unser Gehirn versteht Suggestionen unter Umständen wie reale Nervenimpulse. Da Nerven sogenannte afferente und efferente Fasern haben – also sowohl zum Gehirn hin- als auch wieder davon wegführen –, ist es physiologisch kein Problem für unser Gehirn, irgendwo durch schnelle Wassereinlagerungen in die Haut tiefere Hautschichten mittels einer entstehenden Blase vor einer wenn auch vermeintlichen Verbrennung zu schützen. In meinen eigenen Hypnosebehandlungen habe ich viele chronische Schmerzsyndrome relativ schnell und einfach mit hypnotischen Suggestionen auflösen können.

Lassen Sie sich zukünftig auch von keinem anderen Menschen mehr negative Suggestionen mit auf den Weg geben wie „Du bist zu dumm, zu klein, zu dick, zu faul", „Das kannst du sowieso nicht!". Antworten Sie in solchen Fällen: „Auf jeden Fall schaffe ich das! Ich schaffe alles, was ich mir vornehme!"

Nehmen Sie die Kraft der Suggestion sehr ernst.

Nehmen Sie die Kraft der Suggestion sehr ernst: Sie kann ein sehr guter Erfolgsfaktor für Ihr Leben sein, leider aber auch ganz destruktiv wirken.

Versuchen Sie nun die nächsten zwei bis drei Wochen, sich mit all den positiven Formulierungen Ihrer Träume und Lebensziele zu programmieren: Sie werden irgendwann den Aha-Effekt haben, dass etwas ganz einfach und spontan eingetreten ist, was sie sich suggeriert hatten. Emil Coué brachte das wie folgt auf den Nenner:

> *Jeder Mensch wendet täglich Autosuggestion an, im positiven oder negativen Sinne, meist aber in wirrem Durcheinander. Das Resultat ist demzufolge ein Gemisch von Erfolg und Misserfolg. Somit beruht der Erfolg im Leben nicht auf Zufall, sondern ist das Resultat eines bewussten positiven Denkens. Entgegen dem, was gemeinhin angenommen wird, ist nicht etwa der Wille des Menschen oberstes Vermögen, sondern vielmehr die Einbildungskraft. Allemal nämlich, wenn diese beiden Kräfte in Widerstreit geraten, ist es die Einbildungskraft, die den Sieg davonträgt.* Emile Coué

Jetzt haben Sie die ersten Buchstaben des Glücksalphabets gelernt, die erste und wichtigste Strategie, um gesund, erfolgreich und glücklich zu sein.

Die Macht der Affirmationen

Benutzen Sie Autosuggestionen auch für ganz schnöde Alltagsdinge. Beginnen Sie damit, sich eigene sinnvolle Affirmationen zu bilden. Affirmationen sind Voraussagen über gewünschte Ziele. Kleine Sätze, die Sie sich mit viel Energie und Willenskraft, ja Überzeugungskraft täglich mehrmals selbst sagen sollten. Äußern Sie jeden Morgen ganz konkret, was Sie an dem Tag erreichen möchten und welchen Ausgang die geplanten Dinge des Tages nehmen sollen. Ganz einfache Affirmationen für den Tag könnten z. B. sein:

Äußern Sie jeden Morgen ganz konkret, was Sie an dem Tag erreichen möchten.

- Ich werde heute direkt vor der Bank einen Parkplatz finden.
- Ich werde heute im Morgenmeeting einen großen Erfolg mit meinem Bericht haben.
- Ich werde die Prüfung heute mit Bravour bestehen.
- Ich werde heute im Vorstellungsgespräch erfolgreich sein und den Job bekommen.
- Der Zahnarzt wird heute bei der Kontrolle ganz zufrieden mit meinen Zähnen sein.

Stellen Sie sich all die kleinen Affirmationen vor. Visualisieren Sie sich die Konferenz, den Zahnarzt, den neuen Chef oder was immer Wünschenswertes oder Erstrebenswertes auf Ihrem Programm steht. Sehen Sie vor Ihrem inneren Auge, wie man Sie zu Ihrer Prüfung beglückwünscht, Ihnen für gute Arbeit dankt.

Eine Affirmation muss nicht immer in Erfüllung gehen. Es wäre natürlich phänomenal, wenn ich mir nur sagen bräuchte, ich gewinne heute 17 Millionen Euro im Lotto, und es käme dann auch so. Natürlich funktioniert das so nicht, denn Affirmationen konditionieren in erster Linie unser Unterbewusstsein, alles Zweckdienliche und Sachdienliche zu tun, um unser erstrebenswertes Ziel zu erreichen, nicht den Zufall. Unbewusst werden wir dann viel mehr Energie aufbringen, um unser Ziel zu erreichen und damit insgesamt bereits von allein mehr Erfolg haben, denn: mehr Input = mehr Output.

Gesteuert vom Antrieb Ihres Unterbewusstseins werden Sie je nach Situation viel netter, eindeutiger, konkreter, beharrlicher zu anderen Menschen sein.

Beenden Sie jede Ihrer Morgenaffirmationen mit den Worten: „Heute bin ich stark und mutig". Glauben Sie an sich und an die Macht Ihres Unterbewusstseins. Sie werden bald erste Veränderungen an sich feststellen.

Sagen Sie sich jeden Morgen „Heute bin ich stark und mutig".

Verzichten Sie zukünftig darauf, sich mit Dingen wie Unzufriedenheit zu beschäftigen. Immer wenn Sie glauben, nicht genug vom Leben bedacht worden zu sein, dann suchen Sie sich eine kleine Ersatzbefriedigung, die Ihr Leben wieder lebenswert macht. Versuchen Sie, zu genießen, was das Leben für Sie an alltäglichen Möglichkeiten bereithält.

In unserer heutigen Gesellschaft mit mehr Freizeit als in allen anderen Generationen zuvor nimmt die Fähigkeit, Genuss zu empfinden, einen breiten Raum ein. Genuss stellt sich vielfältig dar. Für den einen ist es eine Pizza oder ein gutes Glas Wein, für den anderen ein Dinner in einem

Sternelokal, für den nächsten ein neuer Porsche oder ein stilvolles Einfamilienhaus.

Glück über Genuss zu empfinden trägt mit dazu bei, ein zufriedenstellendes Leben zu führen und sich wohlzufühlen. Und Glück zu empfinden und uns wohlzufühlen, ist ein maßgeblicher Bestandteil unseres Erdendaseins. Wer dies leugnet oder nicht dazu fähig ist, verschwendet wertvolle Lebenszeit. Neben dem biologischen Arterhaltungsauftrag hat das Leben uns nur den Auftrag mit auf den Weg gegeben, unser Leben so angenehm wie möglich zu gestalten und unsere Erfüllung in unseren Wünschen und Fähigkeiten finden: Eine gewisse Spur unseres Daseins zu hinterlassen, ist eine weitere wichtige Möglichkeit der Sinnerfüllung.

Neben diesen beiden wesentlichen Daseinsbestandteilen – Arterhaltung und Wirken – ist also sehr viel Raum und Zeit, unser Leben angenehm und freudvoll zu gestalten. Freudvolle Gestaltung kann ganz individuell vorgenommen werden: durch geistigen oder kulturellen oder materiellen Konsum, durch Liebe und Sex, Anerkennung, durch Essen und Trinken usw. Freudvoll gestaltet werden kann das Leben eigentlich in fast jeder Situation. Es gibt keine noch so schlechte Situation, keine noch so freudlose Angelegenheit und keinen noch so großen Schicksalsschlag, der durch eine freudvolle Lebensgestaltung schlimmer würde. Im Gegenteil, erst die seichte Ablenkung bringt uns oft wieder ins Lebensgleichgewicht zurück.

Wir dürfen uns ganz sicher sein, dass nichts und niemand uns im Leben dazu bestimmt hat, freudlos zu leben. Befindlichkeiten wie Angst, Wut, Ärger oder Trauer sind zu bewältigen, dazu darf auch etwas Freudvolles eingesetzt werden! Nichts wird durch Freude oder Genuss schlimmer, eher wird alles besser – im Sinne von „besser verarbeitbar". Wir sollten eine freudvolle Lebensgestaltung als Kompensationsmechanismus für alle negativen Dinge unseres Lebens benutzen. Quasi als positiven Verstärker sollten wir uns für jede ärgerliche oder traurige Situation postwendend eine Freude machen: ein schönes Kleidungsstück kaufen, zum Essen ins Restaurant gehen ... Das alles sollten wir ohne anschließende Reue konsumieren, uns gönnen, es genießen. Wir müssen jedoch all diesen Dingen auch den rechten Stellenwert zuweisen: Konsum und Luxus sind legitim, aber nicht von ewiger Dauer. Wir müssen bereit sein, all diese Dinge auch loslassen zu können, wenn es notwendig ist.

Benutzen Sie eine freudvolle Lebensgestaltung als Kompensationsmechanismus für alle negativen Dinge des Lebens.

Wenn Sie so kleine Dinge wie Affirmationen, Autosuggestionen und positive Verstärker in Ihr Alltagsleben einbauen, sind Sie auf einem guten Weg hin zu Ihrem persönlichen Traumleben.

Seien Sie bereit, materielle Dinge loslassen zu können, wenn es notwendig ist.

So werden Wunschträume wahr

Seien Sie großzügig, was Ihre Wunschträume betrifft. Trauen Sie sich, Ziele zu setzen, die Ihnen zunächst unerreichbar erscheinen. Seien Sie ruhig unbescheiden, denn je höher Sie hinauswollen, desto mehr werden Sie erreichen. Erfolg und Misserfolg definieren sich immer in Relation zu den gesteckten Zielen. Wenn ein Bergsteiger beispielsweise auf den Mount Everest steigen möchte und nach zwei Drittel des Weges aufgeben muss, weil ihm die Kraft oder das Können dazu fehlen, dann ist er immerhin 5 800 Meter hoch gekommen. Nimmt ein Bergsteiger sich vor, die Eigernordwand zu schaffen und schafft er sie, dann steht er auf dem Gipfel des Eiger mit 3 970 Metern. War er nun erfolgreicher als der erste Bergsteiger, der sein Ziel nicht erreicht hat? Nein, er hat nur seine eigene Definition von Erfolg erfüllt, wobei der andere viel höhere Ziele hatte, die er nur teilweise erreichte, auch wenn er in Metern gemessen weiterkam.

Das ist nur ein Definitionsbeispiel für Erfolg und Misserfolg. Lassen Sie sich von diesen beiden Worten nicht verunsichern. Hängen Sie Ihren persönlichen Traum hoch, selbst wenn es der Mount Everest ist. Je mehr Sie wollen, desto mehr werden Sie be-

Je mehr Sie wollen, desto mehr werden Sie bekommen.

kommen. Pioniergeist gehört zum Träumen dazu. Alle großen Pioniere und Entdecker sahen ihr Ziel im Geiste vor sich, und nur so waren ihre historischen Entdeckungen möglich.

Warum aber bekommen manche Menschen nicht, was sie sich insgeheim wünschen? Liegt es daran, dass sie nicht mutig genug sind, sich solch große Wunschträume vorzustellen, oder erscheint es ihnen von vornherein zu mühselig, diese Träume auch zu pflegen und ihre Verwirklichung in Angriff zu nehmen? Viele Menschen, die ich bei der Recherche zu diesem Buch befragte, konnten zwar ein oder zwei Wunschvorstellungen ungefähr angeben, kaum einer konnte aber ein möglichst klares Bild seiner Traumvorstellung schildern.

Da gab es zum Beispiel den älteren Herrn, der Zeit seines Lebens einen ungefähren Traum davon hatte, irgendwann einmal einen eigenen Laden zu haben. Er hatte sein Ziel bis zum 70. Lebensjahr nicht erreicht. Auf die Frage, welche Art von Laden es sein sollte, wo und wann er ihn denn am liebsten eröffnen wollte, vermochte er keine detaillierten Angaben zu machen: Es fehlte ihm einfach der konkrete Plan zu seinem Traum.

Fehlt ein Konzept, bleibt der Erfolg meist aus.

Fehlt ein Konzept, bleibt der Erfolg meist aus. So ist es bei allem, egal ob Sie kochen, backen, pharmazeutische Produkte herstellen oder Autos konstruieren. Ein Plan muss her, wie ein Drehbuch beim Film.

Es ist die Kraft der inneren Bilder, die wir hegen und pflegen und die dazu führt, dass sich diese Träume realisieren. Nur wo Gedanken und Aufmerksamkeit sind, entsteht Materie und manifestieren sich Handlungen und Ergebnisse. Innere Bilder sind erfolgreich und arbeiten ständig, sie tragen Früchte. Wie oft haben Sie es bereits in Ihrem Leben erlebt, dass Sie intensiv an einen Menschen oder an eine bestimmte Sache dachten und im gleichen Augenblick rief dieser Mensch Sie an oder die Sache passierte? Ihr Wunschziel muss so klar vor Ihren Augen liegen, dass Sie es scheinbar schon greifen können.

Ihr Drehbuch vom Glück

Beginnen Sie ab sofort damit, sich von Ihren Träumen einen Plan zu machen. Legen Sie sich ein kleines Büchlein an und schreiben Sie Ihre erwünschten Lebensumstände dort auf, also Ihre Träume. Sehen Sie von Zeit zu Zeit einfach einmal nach, wie viel Sie von diesen Träumen vielleicht schon erreicht haben.

Es kann ein einfaches Schulheft oder ein schickes Tagebuch sein, in das Sie Ihre Wunschträume niederschreiben – die Art ist von untergeordneter Rolle.
Wichtig ist nur, dass Sie konkrete Wünsche niederschreiben, und zwar immer in Form von Autosuggestionen oder Affirmationen. Vielleicht fragen Sie sich, was Ihnen das brin-

Schreiben Sie konkrete Wünsche nieder, und zwar immer in Form von Autosuggestionen oder Affirmationen.

gen soll, schließlich reicht es doch, an die Träume zu denken. Aber kein Autohersteller plant und baut ein neues Modell, ohne vorher ein sogenanntes Lastenheft zu erstellen, in dem all die erwünschten und erhofften Eigenschaften des neuen Modells stehen. Nur so lässt sich ein Ziel konkretisieren und schließlich verwirklichen.
Geben Sie Ihren Träumen Überschriften, beispielsweise „Mein Traumleben", notieren Sie sich einige Szenenbilder, wie Sie gern zukünftig leben würden, wenn es denn schon so weit wäre: „Auf einer Insel", „Als mein eigener Chef", „In Australien", „Mit einer großen Familie", „Auf Weltreise", „Als Multimillionär" und so weiter.
Haben Sie mehr als drei dieser Szenen niedergeschrieben, dann gehen Sie noch einmal kurz in sich und entscheiden sich für die drei in Ihren Augen lohnenswertesten oder erstrebenswertesten Antworten. Malen Sie sich aus, wie ein solches Leben auf Weltumsegelung oder als Farmer in Australien oder als Direktor eines eigenen kleinen Unternehmens im Alltag aussehen könnte. Schreiben Sie sich ganz viele kleine Begriffe oder Geschichten dazu auf, und machen Sie auch Skizzen oder Mindmaps von Ihrem persönlichen Traumleben. Was könnte zu Ihrem Traumleben dazugehören? Schreiben Sie Ihren geträumten Alltag auf: „Jeden Tag schwimmen gehen", „Immer auf Partys", „Tennis spielen", „Malen", „Schreiben", „Nichts tun", „Jeden Tag den Erfolg spüren", „Hauspersonal haben und nie mehr spülen müssen", „Täglich Gutes für andere tun" und, und, und!

Es bleibt vollständig Ihnen selbst überlassen, was Sie aufzeichnen möchten. Vielleicht sind Ihnen Sachen wichtig, die für viele andere überhaupt keine Rolle spielen. Hier ist es sehr wichtig, dass Sie sich Ihre geheimsten Wünsche in Einzelheiten vorstellen und genau visualisieren. Schildern Sie sich selbst in einer Short Story einfach einmal Ihren möglichen Tagesablauf:
„Ich schlafe aus und bin zum Mittagessen in einem wunderbaren Strandlokal verabredet. Am Nachmittag werde ich einige Geschäfte tätigen und an meinem Bild weitermalen."
Oder vielleicht: „Ich beginne meinen Tag mit Schwimmen, fahre ins Büro, instruiere meine Mitarbeiter, kümmere mich um ein paar Bestellungen und treffe mich am Nachmittag mit einem Golffreund, mit dem ich den gemeinsamen Urlaub besprechen will."

So kommen Sie Ihrem Traumleben näher

So utopisch Ihnen diese ungewohnte Rolle aus Ihrem selbst geschriebenen Drehbuch auch vorkommen mag, sie wird gleich klarer, wenn Sie den nächsten Schritt machen: Schreiben Sie alle Lösungsmodelle auf, die Sie den gewünschten Zielen näherbringen könnten. Träumen Sie hier auch ruhig weiter und seien Sie nicht zu ernst oder überrealistisch. Mit „Sparen" werden Sie Ihren Traum wohl nicht in absehbarer Zeit verwirklichen können. Nehmen

Sie Sparen zwar als flankierendes Element mit in Ihren Plan hinein, aber denken Sie nicht die ganze Zeit daran. Haben Sie Mut, einmal zu spinnen und aktive Lösungen zu suchen!

Welche Aktivitäten könnten Sie niederschreiben, um Ihrem Traumleben näherzukommen? Träumen Sie davon, ein eigenes Geschäft oder eine eigene Firma zu haben, dann denken Sie über einen nebenberuflichen Start nach. Viele erfolgreiche Selbstständige begannen mit einem kleinen Nebengeschäft, sei es auf eBay oder im Hinterhof. Aktivitäten, die sich mit dem bisherigen Berufsleben vereinbaren lassen und parallel laufen, sind hier gefragt. Versuchen Sie Ihre jetzige Arbeit, Ihren Traum und eines Ihrer Hobbys zu synchronisieren. Bringen Sie alles unter einen Hut. Suchen Sie Parallelen.

Starten Sie mit den Dingen, die Sie Ihren Träumen näherbringen, sofort. Träumen Sie von einem Leben in Spanien oder in Südamerika? Fangen Sie sofort, am besten noch heute damit an, eine spanische Tageszeitung im Internet zu lesen. Wenn Sie noch kein Spanisch können, dann beginnen Sie morgen damit, Spanisch zu lernen. Kaufen Sie morgen nach der Arbeit ein Buch oder CDs. Notfalls googeln Sie einfach „Spanisch lernen“, und Sie lernen die ersten Worte ganz einfach heute schon.

Starten Sie mit den Dingen, die Sie Ihren Träumen näherbringen, sofort.

So ein Traum bedeutet – leider – auch Arbeit, aber nicht nur: Hier gilt hard work and happiness. Beginnen Sie heute damit, Ihre Träume mit Arbeit zu unterstützen. Sie können Ihren großen Traum jeden Tag träumen und virtuell bereits genießen. Studieren Sie neuseeländische Jobangebote, spanische Immobilienanzeigen oder das kulturelle Leben in den brasilianischen Metropolen – alles ganz einfach und bequem im Internet. Verschaffen Sie sich alle Informationen, die Sie über Ihren Traum haben müssen – Zahlen, Fakten, Adressen.

Selbstverständlich darf Ihr großer Traum auch im Nachbarort oder bei Ihnen vor der Haustür stattfinden. Ist es Ihr Traum, für sich und Ihre Familie endlich ein eigenes Haus zu besitzen? Dann lautet die Vorgabe etwa: Immobilienanzeigen verfolgen, Bauträger kontaktieren, Eigenleistung abklären, planen, malen, träumen und jeden Abend vor dem Zubettgehen daran denken. Wichtig bei allen Träumereien ist schlichtweg die Tatsache, ob Sie gern etwas anders tun oder haben wollen, als das, was Sie gerade tun oder haben. Was würden Sie – ganz ehrlich – jetzt lieber tun, als heute und morgen an Ihrem Arbeitsplatz zu sitzen? Sind Ihre Ziele visualisiert, dann haben Sie eine gute Chance, dass diese Ziele in Erfüllung gehen und Sie alles oder einen großen Teil davon erreichen.

Denken Sie jeden Abend vor dem Zubettgehen an Ihre Träume.

Der Stoff, aus dem die Tagträume sind

Vielleicht fehlte es Ihnen bis jetzt am rechten Mut, Ihre Wunschträume Realität werden zu lassen. Trotzdem waren diese Träume bis jetzt sehr wichtig für Sie und durchaus konstruktiv. Selbst wenn Sie bis heute noch keinen ernsten Schritt zur Umsetzung hin getan haben, so haben Ihre Träume doch einen positiven gesundheitlichen Einfluss auf Ihr Leben.

Den Stoff, aus dem die Tagträume sind, kennen wir bestens: Es ist der Traumurlaub auf den Malediven oder Mauritius an weißen Stränden, unter lächelnden Menschen. Vielleicht eine Liebesnacht mit einem wundervollen Menschen oder aber ein richtiger Bad-boy-Traum, in dem wir unsere alltäglichen Widersacher einzementieren und im Fluss versenken dürfen. Gewissermaßen drehen wir im Tagtraum unseren eigenen Kinohit. Sich den Tagträumen hinzugeben, bedeutet auch eine kleine Flucht aus dem schnöden und profanen Alltag und heißt, Kraft und Hoffnung zu schöpfen.

Wagen Sie auch mal einen Bad-boy-Traum, in dem Sie Ihren Feind im Fluss versenken dürfen.

Träumen Sie sich ruhig öfter einmal weg. Das geht bei nahezu jeder Alltagsarbeit ohne unser Zutun bei all den Dingen, die wir im Job mit gewohnter Routine machen. Sich wegzuträumen, nährt all die in uns verborgenen Sehnsüchte, erinnert uns daran, uns Ziele zu setzen und über den Tellerrand des Lebens hinauszuschauen. Träumereien sind der Antriebsmotor und Kraftstoff für unsere glückliche Zukunft. Woher kommt diese Fähigkeit, uns einfach so wegzuträumen?

Forscher von der Harvard-Universität haben dem Gehirn beim Tagträumen in modernen Magnetresonanztomografen zugeschaut und herausgefunden, dass Gedanken automatisch anfangen, zu wandern, wenn das Gehirn nicht ausgelastet ist. Dabei zeigte sich, dass bestimmte Regionen im menschlichen Gehirn besonders aktiv waren, wenn die Probanden ganz eintönige und langweilige Arbeiten erledigten: Während dieser langweiligen Tätigkeiten gerieten sie immer wieder in Tagträumereien. Die Forscher kamen unter anderem zu dem Schluss, dass Menschen durch mentale Zeitreisen ein besseres Gefühl für die Zusammenhänge ihrer Vergangenheit, Gegenwart und Zukunft bekommen. Tagträumer sind ausgeglichener und erfreuen sich besserer Gesundheit als eher ernste und fantasielose Menschen, zeigte eine 2006 in den USA durchgeführte Forschungsarbeit. Im Gegensatz zu nächtlichen Träumen haben wir es bei Tagträumen mit strukturierten und oft folgerichtigen Träumen zu tun, die wir in ihrem Handlungsablauf sehr gut beeinflussen können. Es sind Wunschträume, oft ausgelöst von bewusster und unbewusster Ablehnung des Istzustands, sprich unseres Alltags. Die Forschungsergebnisse lassen sich auch so deuten, dass uns langweilige Arbeiten allzu sehr nerven und unser Unbewusstes schnelle und adäquate Auswege sucht, die es uns als bunte Bilder serviert. Was auch immer davon stimmen mag, eines ist für uns ganz besonders wichtig: Mit unseren Wachträumen träumen wir uns gewisser-

Tagträumer sind ausgeglichenere und gesündere Menschen.

maßen schon mal warm für die neue Traumrealität, in der wir bald leben werden.

Prüfen Sie ab heute all Ihre Tagträume darauf, ob sie Botschaften Ihres Unterbewusstseins sind, das Ihnen Ihre geheimsten oder verborgensten Wünsche mitteilt. Achten Sie auf Ihre Tagträume und genießen Sie diese! In Ihren Tagträumen können Sie alles sein und Ihre Lieblingsrolle sofort und ohne langwieriges Casting bekommen.

Achten Sie auf Ihre Tagträume und genießen Sie sie.

Auch therapeutisch werden Wachträume eingesetzt. In der Psychotherapie benutzt man beim sogenannten katathymen Bildererleben innere Bilder und Träume als Symbole oder Zeichen. Diese verhelfen dem Patienten nach entsprechender Deutung oft zu einem zufriedeneren Leben – wenn er diese Zeichen entsprechend in sein Leben einbaut. Hierbei ist der Therapeut in der Lage, unbewusste Anteile aufzudecken.

Wenn wir in unseren Wachträumen ganz fantastische Dinge erleben können, dann entstehen oftmals erste konkrete Pläne für Veränderungen. Allein der Gedanke, ein solcher Traum könne einmal Wirklichkeit werden, sorgt dafür, dass wir nach und nach insgeheim Durchführbarkeitsprüfungen und Konzepte entwickeln. Fast alle großen Erfinder gaben sich Tagträumereien hin und erfanden Dinge erst in ihrer Vorstellungswelt.

Eine andere Art unseres Tagträumens beschäftigt sich schlichtweg damit, Ordnung in unserem Gehirn zu schaf-

fen. Der Rachetraum, unserem Chef eins auszuwischen, resultiert aus der Erfahrung, machtlos zu sein gegen alle üblen Strategien des unangenehmen Vorgesetzten. Hier versucht unser Gehirn, uns einen anderen Ausgang dieser erlebten Szenen träumen zu lassen: Plötzlich sind wir Kung-Fu-Kämpfer, verbal sehr schlagfertig und vermeiden die erlittene Schmach, bevor sie überhaupt beginnen kann. Hier haben diese Machtträume einen ganz konkreten Sinn: Sie sensibilisieren uns dafür, dass wir in der nächsten Situation nicht untätig wie ein gelähmtes Kaninchen verharren, sondern uns angemessen zur Wehr setzen. Es sind dialoghafte Tagträume mit unserem Unbewussten.
Vielfach lassen uns diese Träume mit einem anderen Ausgang der Situation die erlittene Situation auch besser deuten und in einen neuen Kontext bringen. Mit Fantasie sehen wir alles in einem anderen Rahmen: Wir werden gelassener, wenn wir erkennen, dass die Sache schon o.k. war und vorüber ist. Je weniger aktiv wir in unserem Leben sein können oder je mehr Stillstand wir empfinden, desto mehr Tagträume werden wir haben. Tagträume gehen von realen Begebenheiten unseres Lebens aus und kombinieren diese sehr oft mit scheinbar unerreichbaren Fantasien zu einem erwünschten Ausgang. Viele Tagträume erlauben uns auch die imaginäre Erfüllung unserer ehrgeizigen oder auch sexuellen Fantasien. Sicher, es kommt auch zu unmoralischen Träumen. Diese lassen sich am ehesten damit rationalisieren, dass sie uns

Je mehr Stillstand wir empfinden, desto mehr Tagträume haben wir.

ein geistiges Ventil bieten, um unsere aggressiven oder sexuellen Fantasien auszuleben. Traumpartnerinnen oder Traumpartner, die wir im Tagtraum haben können, setzen sich in ihren Eigenschaften oftmals aus vielen Eigenschaften der unterschiedlichsten Personen aus unserem realen Umfeld zusammen.

Genießen Sie Ihre Tagträume, sobald sie Ihnen bewusst auffallen. Traumwandeln Sie durch Ihre Villa am Strand, küssen Sie den Menschen, der unerreichbar scheint, und machen Sie aberwitzige Traumreisen in die entlegensten Paradiese dieser Welt. Entdecken Sie Ihre Lieblingstagträume und lassen Sie diese immer wieder – wenn Zeit und Gelegenheit ist – in verschiedenen Varianten ablaufen. Dann wird in Ihnen bald der Hunger auf mehr geweckt, und Sie werden sehr schnell erkennen, was Ihnen zu Ihrem Glück noch fehlt. Benutzen Sie Tagträume insbesondere abends vor dem Einschlafen, denn dann werden diese Ihre Nachtträume beeinflussen. Von jedem Wachtraum bleibt ein wenig Verlangen in Ihnen zurück. Dadurch werden Sie schon bald eine positive Antriebskraft verspüren.

Tagträume abends vor dem Einschlafen beeinflussen Ihre Nachtträume.

Yes, you can!

„Ich will Kardinal werden!" Diesen bemerkenswerten Satz sagte Joseph Ratzinger, als er fünf Jahre alt war. Damals konnte noch niemand ahnen, dass sein Weg noch weiter nach oben führen sollte. Aber: Der Polizistensohn wurde Papst. Für viele Politiker wäre die Wahl in den US-Senat die Erfüllung eines Lebenstraums gewesen. Doch Barack Obama wollte viel höher hinaus. Als er seine Kandidatur für das höchste Amt der USA bekanntgab, sahen viele seiner Gegner dies als naiven Plan eines unerfahrenen Politikers an, der nicht begreifen wollte, dass Amerika noch lange nicht reif war für einen schwarzen Präsidenten. Doch weder von seinen politischen Gegnern noch von Skeptikern in der eigenen Partei ließ sich Obama abschrecken. Er hatte einen Traum. Heute kennen wir alle das geflügelte Wort „Yes, we can".

Ja, wir können wirklich erreichen, was wir wollen. Es ist kein Hokuspokus, sondern Kommunikation mit unserem Unterbewusstsein. Machen Sie jeden Tag eine ganz kleine Visualisierungsübung. Von Zeit zu Zeit werden Sie sehen, dass Sie dem Wunschziel etwas näher gekommen sind. Bilanzieren Sie dann, durch welche Maßnahme oder Handlung Sie diesem Ziel näherkamen. Überprüfen Sie auch hin und wieder Ihre Ziele und korrigieren Sie sie – nicht immer bleiben die Pläne die gleichen, und dann müssen Sie eine Neuanpassung vornehmen.

Glück im Beruf

Was auch immer unsere Träume sind, wir müssen zielstrebig darauf hinarbeiten. Wir müssen so viele Zielerreichungsstrategien entwickeln wie möglich. Das fängt bei unserer alltäglichen Berufstätigkeit an. Überprüfen Sie selbst, ob Sie mit Ihrer Arbeit ausgelastet und gefordert sind oder ob Sie vielleicht überfordert sind. Überprüfen Sie, ob Sie mit dem Ihnen gezahlten Gehalt ausreichend und angemessen bezahlt sind. Der erste Schritt für eine bessere und effektivere Berufstätigkeit ist der Versuch, das bestehende berufliche Umfeld zu verändern oder sich selbst zu verändern, bis wir mit den Ergebnissen zufrieden sind.

Das Pareto-Prinzip

Was können wir tun, um diese Zufriedenheit zu erreichen? Am Anfang steht die Analyse, was uns an unserer Arbeit unzufrieden macht. Ist es die Masse an Arbeit oder die zu geringe Zeit, die uns ständig in Hektik oder Verzug geraten lässt, dann sollten wir uns einmal das sogenannte Pareto-Prinzip anschauen. Das Pareto-Prinzip (auch 80-20-Prinzip genannt) besagt allgemein, dass 20 Prozent aller möglichen Ursachen 80 Prozent der gesamten Wirkung erreichen. Dass also

Das Pareto-Prinzip (auch 80-20-Prinzip genannt) besagt, dass 20 Prozent aller möglichen Ursachen 80 Prozent der gesamten Wirkung erreichen.

eine Minderheit von Ursachen, des Aufwands oder der Anstrengungen zu einer Mehrheit der Wirkungen, des Ertrags oder der Ergebnisse führen.
Dies ist sowohl im positiven als auch im negativen Sinne anzuwenden. Vilfredo Pareto, Nationalökonom und Soziologe italienischer Herkunft (1848–1923), beschäftigte sich mit der Verteilung von Reichtum und Einkommen im England des 19. Jahrhunderts. Er entdeckte 1897 dieses Prinzip. Beispiele, die in unserem Alltagsleben statistisch nachgewiesen sind:

- 20 Prozent der Produkte sind in der Regel verantwortlich für 80 Prozent des Umsatzes.
- 20 Prozent aller Autofahrer verursachen 80 Prozent der Unfälle.
- 20 Prozent unserer Kleidungsstücke tragen wir innerhalb 80 Prozent unserer Zeit.
- 80 Prozent unserer Arbeitskraft erwirtschaften nur 20 Prozent unserer Leistungen, und
- 20 Prozent unserer Arbeitskraft erwirtschaften 80 Prozent unserer Leistungen.

Die Beispiele könnte man unendlich fortführen. Für unsere Zielerreichung interessant ist jedoch die Feststellung, dass wir 80 Prozent unserer Zeit damit verbringen, nur 20 Prozent Ertrag oder Ergebnis zu erwirtschaften. Was bedeutet diese Aussage? Nun, wir haben viele Aufgaben, die uns nur schwer von der Hand gehen, ungeliebte kleine Dinge im Büro oder in der Firma, mit denen wir uns quälen und für die wir mehr Zeit aufwenden als für andere Dinge, über denen wir ins Stocken geraten, die wir aufschieben. Hier wird unsere Arbeit ineffizient. Andere Dinge wiederum gehen uns flott und einfach von der Hand: Ohne Probleme arbeiten wir in vollster Kreativität und atemberaubender Geschwindigkeit. Das sind die Dinge, für die wir nur 20 Prozent unserer Zeit aufwenden, aber mit denen wir etwa 80 Prozent unseres Gesamtergebnisses erbringen.

Das Pareto-Prinzip lässt sich auch auf alle anderen Prozesse in einem Unternehmen anwenden. Nehmen Sie eine Sitzung oder Versammlung, im Betriebsrat oder in der Geschäftsführung, ganz gleich welcher Art. Die Erörterung und Lösung anstehender oder wichtiger Dinge ist zumeist in 20 Prozent der Besprechungszeit erledigt. Die restlichen 80 Prozent werden meist „verschwatzt" oder dienen allgemeinen – aber weder dringenden noch wichtigen – Themen.

1950 mussten wir nach Angaben der deutschen Gesellschaft für Freizeit noch 48 Stunden in der Woche arbeiten, 1997 waren es nur noch 37,5 in den alten und 39,7 Wochenstunden in den neuen Bundesländern. Trotzdem haben Studien zufolge die Menschen das Gefühl, immer weniger Zeit zu haben. Woran liegt das? Vielleicht an dem Umstand, dass in immer kürzerer Zeit immer mehr geschafft werden muss. Der Druck gerade in „verschlankten" Unternehmen ist erheblich und macht viele Arbeitnehmer und Arbeitnehmerinnen richtig krank.

Der Druck in Unternehmen ist erheblich und macht viele richtig krank.

Wollen wir also effizienter werden, mehr Leistung erbringen oder weniger Zeit aufwenden, dann müssen wir diese vielen kleinen ungeliebten Dinge, die uns unsere meiste Zeit kosten, delegieren, an andere übertragen oder sonst irgendwie loswerden. Verlagern Sie die weniger produktiven Anstrengungen in Bereiche, die hochproduktiv sind und so einen ungleich höheren Nutzen bringen. Hier hilft oft bereits das Gespräch mit dem eigenen Chef. Schildern Sie ihm die Erkenntnis aus dem Pareto-Prinzip, bezogen auf Ihren eigenen Arbeitsalltag. Jeder Chef denkt unternehmerisch und wird von Ihrer Schilderung der Dinge wahrscheinlich sehr angetan sein, wenn er merkt, wie Sie sich um das Wohl des Unternehmens und dessen Ertragslage sorgen. Vielleicht wird er Ihnen die ungeliebten Dinge abnehmen und auf einen anderen übertragen, dem sie vielleicht besser von der Hand gehen.

Vielleicht wird es nicht ganz so einfach gehen, aber es gibt sicherlich Möglichkeiten, die Dinge zu delegieren, die Sie 80 Prozent Ihrer Zeit kosten. Versuchen Sie mal, mit einem Kollegen zu sprechen, der andere Fähigkeiten oder Interessen hat. Wenn Sie erkannt haben, was Sie hemmt, geht es voran. Die Arbeit wird leichter, sie macht plötzlich wieder Spaß. Entwickeln Sie Ihr eigenes Zeitmanagement und effiziente Strategien, wie Sie sogenannte Zeitdiebe erkennen.

Entwickeln Sie Ihr eigenes Zeitmanagement und effiziente Strategien, wie Sie sogenannte Zeitdiebe erkennen.

Was machen Sie mit Ihrer Zeit? Setzen Sie sie in Ihrem Berufsleben sinnvoll ein? Oder gehen Sie den Zeitdieben in die Falle? Das sind die leidigen und meist unnötigen Störungen während der Arbeitszeit wie z. B. häufige und unproduktive Telefonanrufe, unangemeldete Besucher, Kollegengeplauder, schlechte Organisation wie riesige und unübersichtliche Aktenstapel, ständiges Aufschieben, die Unfähigkeit, Nein zu sagen, E-Mails mit wenig konstruktiven Inhalten.

Fragen Sie sich nun einmal selbst, welche Zeitdiebe in Ihrem Arbeitsalltag eine Rolle spielen und Sie davon abhalten, Ihre Arbeit zu schaffen. Schreiben Sie sich diese Dinge auf und machen Sie sich Pläne, wie Sie diesen Störungen zukünftig begegnen. Das kann die Festlegung eines bestimmten Zeitfensters sein, in welchem Sie nur telefonisch erreichbar sind, das kann auch der Vorsatz sein, mehr Dinge als zuvor an andere zu delegieren. Wichtig ist, dass Sie all diese Vorsätze aufschreiben. Das geschriebene Wort hat einen stärkeren Erinnerungs- und Aufforderungscharakter als der bloße Gedanke.

Schreiben Sie auf, wie Sie den Störungen im Arbeitsalltag zukünftig begegnen möchten.

Legen Sie so auch Ihre Ziele fest. Was wollen Sie ändern an Ihrem Arbeitsalltag, in Ihrem Berufsleben? Unterteilen Sie diese Vorsätze und Zielplanungen in kurzfristig – mittelfristig – langfristig. Dann versehen Sie die einzelnen Punkte mit konkreten Fristen. Mittelfristig würde etwa

bedeuten innerhalb des nächsten Quartals, kurzfristig in zwei bis drei Wochen usw.
Wenden Sie nie mehr unbestimmte Zeitbegriffe an wie „demnächst“ oder „wenn ich …, dann …“. Spezifizieren Sie den Zeitraum immer sehr genau. Alles, was Sie sich vorgenommen haben, sollten Sie mit einem Zeitfenster versehen, beispielsweise „Die Aufarbeitung der rückständigen Akten werde ich zwischen dem 25.4. und 3.5. vornehmen“.
Schauen Sie sich jeden Tag Ihre Planungen an. Selbstverständlich können Sie einzelne Module Ihrer Planungen in den gesetzten Zeitfenstern jederzeit verschieben. Müssen Sie bis 25.4. an einem anderen Projekt arbeiten, dann widmen Sie sich eben ab dem 26.4. mit Nachdruck der Aktenbearbeitung. Selbstverständlich können Sie die anstehenden Projekte auch mit Prioritätsnoten von „sehr wichtig“ bis „sehr dringend“ versehen. Ihrer Fantasie sind hier keine Grenzen gesetzt.
Mittels einer detaillierten Zeitplanung gewinnen Sie einen klaren Überblick über die Dinge, die von Ihnen getan werden müssen. So nutzen Sie Ihre Zeit sinnvoller und wesentlich wirkungsvoller. Denken Sie stets an das Pareto-Prinzip und versuchen Sie die Dinge zu tun, mit denen Sie mit 20 Prozent Aufwand 80 Prozent Wirkung erzielen.
Vielleicht vereinfachen Sie auch Ihren Berufsalltag, räumen einmal kräftig auf, werfen weg, was nicht mehr benötigt wird, archivieren alles, was Sie aufbewahren müssen, aber nicht wirklich brauchen. Wenn Ihr Tisch leerer wird, wer-

den Ihre Gedanken klarer. Versuchen Sie es! Widerstehen Sie zukünftig dem Drang, eine Nippessammlung auf Ihrem Schreibtisch einzurichten. Keine verwelkten Blumen, keine überzähligen Kaffeetassen, keine Essensreste. Richten Sie Ihren Schreibtisch so her, wie er im Möbelgeschäft aussah, bevor er in Ihrem Büro aufgestellt wurde. Notfalls legen Sie sich eine Hängeregistratur oder ein System aus Ablageboxen an. Notieren Sie auf jeder Box eine bestimmte Priorität.

Wichtig ist auch, dass Sie sich jeden Tag eine Freude machen. Beginnen Sie Ihren Tag mit einer Tätigkeit, die Sie gern tun. Oder krönen Sie den Abschluss des Arbeitstages mit dieser Arbeit, sodass Sie sich darauf freuen können. Gönnen Sie sich auch jeden Tag einen positiven Verstärker, sei es nur eine Kleinigkeit wie ein Eis, ein Besuch im Sportstudio oder irgendetwas, worauf Sie sich freuen können. Das entschärft den beruflichen Stress und lässt Sie im Gleichgewicht bleiben.

Gönnen Sie sich jeden Tag einen positiven Verstärker, also etwas, worauf Sie sich freuen können.

Nur in den Dingen, in denen wir wirklich gut sind, werden wir auch Erfolg haben können. Wenn Sie eine Arbeit tun, ohne Lust dazu zu haben, eine Arbeit, die Ihnen keinen Spaß macht, dann werden Sie auch niemals Virtuosität darin erreichen. Nur wenn Sie im wahrsten Sinne des Wortes in einer Sache aufgehen, haben Sie die Chance, auch dauerhaft glücklich und erfüllt mit Ihrem Berufsleben zu sein. Sie müssen sich auf die wesentlichen Dinge Ihrer täglichen Arbeit konzentrieren, die Ihnen daran gefallen. Die Dinge, die Ihnen keinen Spaß machen, sollten Sie so schnell wie möglich an andere delegieren. Überzeugen Sie Ihren Chef davon, dass Sie in einer bestimmten Sache sehr effizient und erfolgreich sind und alles andere Sie nur dabei hemmt, die Arbeit erfolgreich zu machen. Erklären Sie ihm, dass auch ein Meister niemals die Werkstatt kehrt, weil er das delegieren kann und weil es ihn von seinen verantwortungsvollen und „meisterhaften" Arbeiten abbringen würde. Sie müssen sich anfangs nur fragen: Welche Ihrer Fähigkeiten würde Sie am ehesten in Ihrer Karriere weiterbringen?

Stellen Sie hohe, aber erreichbare Ansprüche an sich. Nehmen Sie sich vor, Ihre Leistungen weiter und weiter zu steigern, die Arbeitsqualität und die Ergebnisse zu optimieren. Überlegen Sie jeden Tag, was Sie tun können, um Ihrem Unternehmen durch Ihre Arbeit die größtmöglichen Ergebnisse zu liefern. Der Unternehmenserfolg korreliert in jedem Fall mit Ihrer eigenen Karriere.

Stellen Sie hohe, aber erreichbare Ansprüche an sich.

Wird man in Ihrem beruflichen Umfeld feststellen, dass Sie sehr erfolgreich in einer bestimmten Sache sind, dann wird man Sie schon bald hofieren, möglicherweise wird ein anderes Unternehmen Interesse an Ihnen bekommen, zumindest aber werden Sie nicht so schnell ersetzbar sein in Ihrem Unternehmen. Aus dieser Position heraus haben

Sie die Möglichkeit, ein adäquateres Gehalt zu fordern, bessere Arbeitsbedingungen, mehr Freizeit.

Nehmen Sie das Beispiel eines Profifußballers: Kein Trainer würde einen erfolgreichen Fußballer wie den jungen Brasilianer Ronaldinho zum Beispiel auf die Reservebank setzen oder ins Tor stellen oder in der hintersten Reihe spielen lassen. Sein Trainer weiß, er ist ein Topspieler und soll in dieser Eigenschaft auf der besten Position spielen. Nachdem andere Mannschaften gesehen haben, dass er die beste Position hat und welchen Wert er für den eigenen „Arbeitgeber" hat, reißen sie sich um ihn und wollen ihn auch haben.

Bilden Sie sich weiter, besuchen Sie Lehrgänge, lesen Sie Fachbücher. Sprechen Sie mit Ihrem Chef, Ihren Kollegen und Vorgesetzten jederzeit und immer über die Tätigkeit, die Sie tun. Erzählen Sie fröhlich, wie gut die Firma doch dank Ihrer professionellen Tätigkeit einen bestimmten Auftrag abschließen konnte. Wie auch immer Ihr berufliches Umfeld sein wird, aus dem Erfolg heraus können Sie sich vielleicht schon bald ein neues Wirkungsumfeld suchen und werden es auch finden, weil Sie wissen, dass Sie gut sind. Glauben Sie jeden Tag daran, dass Sie Karriere machen werden. Zweifeln Sie niemals daran.

Glauben Sie jeden Tag daran, dass Sie Karriere machen werden, und zweifeln Sie nie daran.

Wenn Sie Ihr eigener Chef sind, Unternehmer, Kleinunternehmer, Freiberufler, dann nehmen Sie sich jeden Tag das

Pareto-Prinzip zu Herzen: Werden Sie in den Dingen, die 20 Prozent Ihrer Zeit kosten und 80 Prozent Ihres Erfolgs ausmachen, noch besser. Spezialisieren Sie sich auf diese wenigen Dinge. Lassen Sie die andere Arbeit irgendwann nach und nach ausklingen. Bearbeiten Sie nur noch die Aufträge, die Sie mit Bravour lösen können. Sie können nichts dabei verlieren. Die 20 Prozent Umsatz oder Ertrag, die Sie vielleicht am Anfang verlieren werden, werden Sie schon bald über die 80 Prozent Mehrzeit, die Sie haben, locker wieder hereinholen. Entwickeln Sie somit Kernkompetenzen und lassen Sie das Beiwerk so schnell wie möglich fallen. Mischkalkulationen, Diversifikation und breite Sortimente sind vielleicht für Supermärkte gut, nicht aber für menschliche Fähigkeiten, denn die Kernkompetenz leidet. Multitalentiert zu sein ist eine schöne Gabe, und Multitalente, die nahezu alles können, sind zu beneiden, allerdings schaffen sie es oft nicht, sich für eine ihrer Fähigkeiten als Kernkompetenz zu entscheiden.

Arbeiten Sie jeden Tag daran, besser zu werden. Verzichten Sie ab sofort auf eine andere Freizeittätigkeit, z. B. auf eine Stunde Fernsehen täglich, und investieren Sie diese Stunde in eine Verbesserung Ihrer Talente. Seien Sie virtuos in Ihrer Arbeit wie ein Geiger. Halten Sie sich jeden Tag Ihr Traumbild vor Augen; schauen Sie jeden Tag in Ihr kleines Drehbuch (siehe Seite 57). Dort sehen Sie Ihr Ziel, den Ort und den Zeitpunkt, an dem Sie angekommen sein werden. Glauben Sie daran und glauben Sie an sich, Sie werden es erreichen.

Handeln Sie beruflich stets ergebnisorientiert. Vergeuden Sie Ihre Zeit nicht mit Dingen, die keinen Erfolg verheißen oder Dingen, die nicht wirklich notwendig, weder wichtig noch dringend sind. Machen Sie alle Dinge, die Sie tun, aus vollem Herzen, ohne Zweifel, ohne ungutes Gefühl. Ruhen Sie sich nicht auf erzielten Erfolgen aus. Seien Sie zufrieden mit sich, aber versuchen Sie das nächste Level zu erreichen! Jeder Tag ist der Tag, an dem Sie beginnen sollten, Ihre Karriere zu starten und sich selbst zu sponsern. Haben Sie beispielsweise vor einem Jahr als Aushilfe in einem Unternehmen begonnen und sind Sie heute Assistent des Abteilungsleiters, dann denken Sie nicht mehr zurück an die Aushilfstätigkeit und dass Sie etwas erreicht haben, sondern denken Sie darüber nach, wie es wäre, Abteilungsleiter zu sein. Überlegen Sie, welche Chancen zum Aufstieg Sie haben und welche Strategien dafür notwendig sind. Wenn Sie einen Mitbewerber auf der Karriereleiter überholen müssen, dann hat das nichts mit Unkollegialität oder fehlender Loyalität zu tun. Es ist Ihr Leben, das Sie formen, nicht das Ihres Kollegen. Sie sind einzigartig, machen Sie also auch ein einzigartiges Leben aus Ihrer Zeit.

Sie sind einzigartig, machen Sie also auch ein einzigartiges Leben aus Ihrer Zeit.

Orientieren Sie sich nicht nach unten. Sie kennen sicher die Eigenschaft, dass Menschen, denen es schlecht geht, sich ständig irgendwelche Leidensgenossen suchen oder andere, denen es offenkundig noch schlechter geht. Vermeiden Sie das ab sofort. Orientieren Sie sich immer nur an positiven und erstrebenswerten Beispielen. Wenn Sie jemanden sehen, der in seinem Fach den Anschein erweckt, der Beste zu sein, dann studieren Sie ihn. Nehmen Sie seine Ansichten in Bezug auf die Tätigkeit an, werden Sie wie er. Keine Angst, Sie werden Ihre Persönlichkeit darüber nicht verlieren. Wichtig ist immer der Pragmatismus: Was führt Sie zum Ziel, womit sparen Sie sich eigene schmerzvolle Erfahrungen oder Rückschläge? Kopieren Sie, ahmen Sie nach, machen Sie alles das, was der oder die Erfolgreichen machen. Versuchen Sie, so oft wie möglich bei den Menschen zu sein, die die Erfolgreichsten in ihrem Metier sind. Der Funke wird auf Sie überspringen, und nichts und niemand wird Sie dann mehr auf Ihrem Weg nach oben aufhalten können.

Orientieren Sie sich immer am realen Leben. Was macht Erfolg aus? Nehmen Sie die koreanischen Autobauer. Diese sparen sich teure Designer und die Hälfte der Entwicklungskosten, indem sie einfach bei erfolgreichen Automodellen abschauen, was den Erfolg ausmacht. Sicher, sie kommen erst einige Zeit nach dem erfolgreichen Premiumauto auf den Markt, aber sie haben gesehen, worauf es ankommt und haben die Chance, aus dem Misserfolgen und Fehlern der Vormacher zu lernen. Nehmen Sie z. B. den Hyundai Santa Fe, einen sogenannten SUV. Hyundai hat die Fahrzeuggattung SUV weder erfunden, noch war Hyundai einer der Pioniere dieser Autogattung. Man hat gewartet, bis etablierte Hersteller den Sprung gewagt hatten, hat sich an der Spitze orientiert und dann zum rechten Zeitpunkt ein ähnliches Fahrzeug auf den Markt gebracht, ähnlich leistungsfähig, ähnlich im Design, ähnlich sicher, aber – und nun kommt das Entscheidende – wesentlich konkurrenzfähiger, weil billiger. Hyundai hat es geschafft, in vielen Ländern der Erde der Geländewagenproduzent Nummer eins zu sein.

Dieses kleine Beispiel aus der Industrie soll Ihnen zeigen, dass das „Nachahmen" nicht immer eine schlechte und schon gar keine erfolglose Eigenschaft ist. In der Natur würde ohne ein Nachahmen gar nichts gehen. Einige Lebewesen, z. B. Insekten, ahmen die Farbe und Form gefährlicher Insekten, etwa von Wespen, nach, damit sie nicht gefressen werden. Viele Tiere ahmen Drohgebärden anderer gefährlicherer Arten nach, damit sie nicht gefressen werden. Ohne Nachahmung geht nichts!

Finden Sie heraus, was die erfolgreichen Menschen in Ihrem Berufsumfeld so erfolgreich macht.

Auf Ihre Karriere bezogen heißt das: Finden Sie heraus, was die erfolgreichen Menschen in ihrem Berufsumfeld so erfolgreich macht. Fragen Sie sie. Studieren Sie, wie sie mit ihrem Mitmenschen und ihrem Arbeitsumfeld umgehen, wie sie sprechen, lachen, sich bewegen. Was ist es, das sie erfolgreich macht?

Bereiten Sie diese herausgefundene Eigenschaft mit Ihren eigenen Stärken auf, verquicken Sie die gewonnenen Erkenntnisse mit all den guten Eigenschaften, die Sie selbst dahin gebracht haben, wo Sie heute sind. Dann haben Sie eine Mischung, die Sie an die Spitze bringen wird. Glauben Sie jeden Tag an Ihren Erfolg und handeln Sie danach.

Stärken und Schwächen

Selbstverständlich können wir nicht alles gleich gut, und letztendlich gibt es keinen Menschen, der wirklich alles kann. Oft haben wir Schwächen, die uns ganz schön ins Trudeln bringen. Leider werden wir Menschen durch von uns selbst geschaffenen Systemen immer an unseren Schwächen orientiert und bewertet. Auch werden unsere Schwächen „entwickelt". Bereits in der Schule bekommen wir diese völlig unsinnige Programmierung, dass wir an unseren Schwächen gemessen werden. Da ist der Schüler, der in drei Fächern gut ist und in drei anderen Fächern ausreichend bis mangelhaft. Die Lehrerin sagt, er solle mehr für diese schwachen Fächer tun, und die Eltern unterstützen dies. Der arme Schüler muss nun Stunde um Stunde mit dem Lehrstoff verbringen, den er schon in der Schule nicht versteht. Was dabei herauskommt, dürfte jedem klar sein: nichts. Eine schöne Fabel von G. H. Reavis stellt diese Problematik eindrucksvoll dar.

Die Schule der Tiere

Es gab einmal eine Zeit, da hatten die Tiere eine Schule. Der Unterricht bestand aus Rennen, Klettern, Fliegen und Schwimmen, und alle Tiere wurden in allen Fächern unterrichtet. Die Ente war gut im Schwimmen, besser sogar als der Lehrer. Im Fliegen war sie durchschnittlich, aber im Rennen war sie ein besonders hoffnungsloser Fall. Da sie in diesem Fach so schlechte Noten hatte, musste sie nachsitzen und den Schwimmunterricht ausfallen lassen, um das Rennen zu üben. Das tat sie so lange, bis sie auch im Schwimmen nur noch durchschnittlich war. Durchschnittliche Noten waren aber akzeptabel, darum machte sich niemand Gedanken darum, außer die Ente. Der Adler wurde als Problemschüler angesehen und unnachgiebig und streng gemaßregelt, da er, obwohl er in der Kletterklasse alle anderen darin schlug, darauf bestand, seine eigene Methode anzuwenden. Das Kaninchen war anfänglich im Laufen an der Spitze der Klasse, aber es bekam einen Nervenzusammenbruch und musste von der Schule abgehen wegen des vielen Nachhilfeunterrichts im Schwimmen. Das Eichhörnchen war Klassenbester im Klettern, aber sein Fluglehrer ließ ihn seine Flugstunden am Boden beginnen anstatt vom Baumwipfel herunter. Es bekam Muskelkater durch Überanstrengung bei den Startübungen und immer mehr „Dreien" im Klettern und „Fünfen" im Rennen. Die mit Sinn fürs Praktische begabten Präriehunde gaben ihre Jungen zum Dachs in die Lehre, als die Schulbehörde es ablehnte, Buddeln in den Unterricht aufzunehmen. Am Ende des Jahres hielt ein anormaler Aal, der gut schwimmen und etwas rennen, klettern und fliegen konnte, als Schulbester die Schlussansprache. G. H. Reavis

Nach unserem kleinen Ausflug in die Tierschule dürfte jedem klar sein, dass es reicht, wenn wir unsere Schwächen „kultivieren", d. h., sie auf ein erträgliches Niveau bringen, dafür aber unsere Stärken weiterentwickeln, bis wir perfekt darin sind. Für einen Schüler hieße das, ein „Mangelhaft" lediglich auf ein „Ausreichend" zu bringen und stattdessen an einem Lieblingsfach zu arbeiten, bis ein „Sehr gut" dabei herauskommt. So kommt er in der Summe seiner Zensuren dann doch auf gute Durchschnitte.

Fangen Sie ab sofort an, sich nur noch an Ihren Stärken messen zu lassen. Verbessern Sie Ihre Stärken, werden Sie virtuos darin. Bilden Sie Teilbereiche Ihres Könnens aus und werden Sie darin zum Experten. Es ist sinnlos, dass Sie sich in Ihrem Leben mit Dingen beschäftigen, die Sie schlecht beherrschen. Etwas zu tun, was ich gut beherrsche, bringt in der gleichen Zeit doppelt so viel Erfolg, als etwas zu tun, bei dem ich mich schwertue. Schreiben Sie sich doch einfach mal Ihre Stärken und Schwächen auf:

Fangen Sie ab sofort an, sich an Ihren Stärken messen zu lassen.

- Was kann ich besser als andere?
- Was macht mir am meisten Spaß?
- Womit erziele ich den meisten Erfolg?

Fragen Sie ruhig Ihre Kollegen, Freunde und Familienangehörigen, was man glaubt, das Sie am besten können.
Was Schwächen betrifft, so können wir die eine oder andere Schwäche auch umdeuten, indem wir sie augenzwinkernd und kokettierend zu unserem Markenzeichen machen. Jeder hat so eine Schwäche. Sie kennen das: Der virtuose Künstler ist eine absolute Null in organisatorischen Dingen, der Tophandwerker kriegt seinen Schriftverkehr nicht gemacht. Der Arzt, der gesundes Leben vermitteln möchte, hat selbst 30 Kilo Übergewicht und raucht.
Bringen Sie Ihre Lebenszeit überwiegend mit den Dingen zu, die Sie gut können. Das schafft Erfolg, gute Laune und Zufriedenheit – somit also Glück.

Glück kann man lernen

Kann man Glück lernen? Eindeutig ja. Die Anleitungen, Modelle und Beispiele in diesem Buch erheben natürlich keinen Anspruch auf Vollständigkeit, sondern sind eine Sammlung von Erkenntnissen aus Philosophie, Psychologie, NLP und meiner Erfahrung als Psychotherapeut und Coach.

Dass man Glück lernen kann, hat sich auch bereits an Schulen herumgesprochen. In einer Heidelberger Schule werden Kinder erstmals im Fach „Glück" unterrichtet. Was wie ein Märchen klingt, ist wahr. Der Schulleiter der Willy-Hellpach-Schule in Heidelberg sagte, dass er Zufriedenheit, Selbstsicherheit und Selbstverantwortung lehren wolle. Das Interesse, so schrieb der Focus in seiner Ausgabe vom 11. September 2007, sei sehr groß. Themen im Unterricht seien „Selbstbild und Idealbild" oder „seelisches Wohlbefinden". Auch körperliches Wohlbefinden und soziale Kompetenzen würden in diesem Unterricht vermittelt, so der Schulleiter.

Wer Glück in der Schule lernt, kann auch seine schulischen Leistungen signifikant steigern.

Glück als Unterrichtsfach ist seit 2006 auch im englischen Wellington College nahe London gang und gäbe. Hier wurde eigens ein auf der positiven Psychologie von Martin Seligman basierendes Unterrichtsfach geschaffen. Dort wird die Kunst des Well-Being vermittelt. Wohlbefinden zu erlernen steigert das Glücksgefühl. Sowohl die teilnehmenden Schüler als auch die Schulleitung sind sich einig darüber, dass die Teilnehmer des Well-Being-Unterrichts sich nach und nach in allen anderen Fächern verbessern konnten, zufriedener waren und ihre schulischen Leistungen signifikant steigern konnten.

Der britische Psychologe Richard Wiseman von der University in Hertfordshire geht sogar noch einen Schritt weiter in seinen Annahmen, dass man Glück lernen könne. Wiseman suchte in britischen Tageszeitungen per Inserat Menschen, die sich selbst als glücklich bezeichneten. Er führte strukturierte Interviews mit diesen Menschen und fand heraus, dass die glücklichen Menschen ihre Chancen im Leben einfach besser erkennen als andere: Ihre Wahrnehmungsfilter seien nicht so sehr durch die Erwartung von Unglück blockiert. Menschen, die glücklich seien, nähmen auch unerwartete Chancen sofort wahr. Sie hören besser auf ihr Bauchgefühl.

Wiseman bildete in seinen Experimenten eine zweite Freiwilligengruppe von Menschen, die nicht besonders glücklich waren, und bat sie, nach den Regeln zu leben, die er bei der Gruppe der Glücklichen herausgearbeitet hatte. Fast alle der Versuchspersonen waren nach einem Monat deutlich glücklicher und zufriedener als zuvor. Wiseman stellte danach drei wesentliche Regeln auf, die man zum Glücklichwerden beherzigen soll:

- auf sein Bauchgefühl hören,
- offen für neue Erfahrungen sein,

- jeden Tag an etwas denken, was gut gelungen ist,
- jeden Tag daran denken, dass Glück eine sich selbst erfüllende Prophezeiung ist.

David Lykken, Psychologieprofessor an der University of Minnesota, hat sich ebenfalls mit der Frage des „Glückslernens" auseinandergesetzt und kommt zu dem Schluss, dass der Einzelne erfahren muss, dass er selbst die Quelle aller Freude ist. Lykken meint, wir sollen auch schlechte Erfahrungen durchleben, bewusst wahrnehmen und sie dann loslassen, um zur nächsten, glücklichen Erfahrung weiterzugehen. Auch sollen wir unsere Vorstellungen, „wie alles zu sein hat", nicht zu sehr festigen. Wir werden sonst immer wieder enttäuscht und unglücklich sein, wenn eben nicht alles so eintritt, „wie es zu sein hat".

Je flexibler wir in unseren Erwartungshaltungen sind, desto glücklicher werden wir.

Je flexibler wir in unseren Erwartungshaltungen sind, desto glücklicher werden wir. Offen zu sein für Neues, sich wie ein Kind auf neue Dinge einzulassen und verzaubern zu lassen, im Moment glücklich zu sein und nicht auf eine Steigerung oder irgendeine Vollkommenheit zu warten lässt uns glücklich sein.

Jeder hat sein eigen Glück unter den Händen, wie der Künstler eine rohe Materie, die er zu einer Gestalt umbilden will. Aber es ist mit dieser Kunst wie mit allen; nur die Fähigkeit wird uns angeboren, sie will gelernt und sorgfältig ausgeübt sein.

Johann Wolfgang v. Goethe

Aus dem Inhalt Ihres kleinen Lastenhefts verfassen Sie nun ein Minidrehbuch, das Sie immer bei sich führen. Nehmen Sie es öfter zur Hand und sehen Sie immer wieder hinein, um nachzulesen, was Sie dort geschrieben hatten. Das Drehbuch soll eine Zusammenfassung Ihrer Vorstellungen sein und könnte so aussehen:

Hauptdarsteller:	Ich
Alter:	(Notieren Sie hier das Alter, in dem Sie Ihren Traum erreicht haben möchten.)
Ort:	Mallorca
Weitere Darsteller:	Lebenspartner/Familie/Freunde etc.
Nebenrollen:	Esel, Hund, Segelboot
Handlungszeitraum:	ein Sommertag/eine Woche im Mai
Handlung:	Es ist ein sonniger Morgen. Wir haben bis 10 Uhr geschlafen und sitzen nun auf der Terrasse unseres Traumhauses auf Mallorca. Wir frühstücken und lesen Zeitung. Wir waren bereits einige Bahnen in unserem Swimmingpool schwimmen und wollen nach dem Frühstück in die Hauptstadt fahren, um einige kleinere Erledigungen zu machen. Am Abend haben wir Gäste, unsere Freunde, mit denen wir den gemeinsamen Segeltörn am nächsten Wochenende planen möchten. Um 11 Uhr kommt der Postbote und bringt uns Post aus Deutschland, Geschäftsbriefe, aus denen wir erfahren, dass unser Bankvermögens stetig ansteigt, weil wir geschäftlich mal wieder, wie fast immer, den richtigen Riecher gehabt haben. Wir freuen uns, schauen uns an und sind glücklich. Unser Hund liegt faul in der Sonne und blinzelt uns an.

Was Sie in dieses kleine Drehbuch hineinschreiben, bleibt Ihnen überlassen. Kleben Sie Abbildungen ein, z. B. ein Haus oder ein Boot oder was gerade zu Ihrem Traum passt. Beschreiben Sie einen Zeitraum in einem Jahr Ihrer Wahl. Tragen Sie dieses kleine Drehbuch stets bei sich. Schon bald werden Sie staunen, dass Sie selbst dafür sorgen, dass Ihr Traum sich der Realisierung nähert: Je mehr Gedanken Sie darauf fokussieren, desto mehr Energie wird frei, die zur Materialisierung Ihrer Wünsche führt. Lassen Sie sich darauf ein.

Je mehr Gedanken Sie auf Ihren Plan fokussieren, desto mehr Energie wird frei, um ihn zu verwirklichen.

Noch einmal: Schließen Sie die Augen und träumen Sie. Sehen Sie all die Bilder von dem, was Sie erreichen möchten. Stellen Sie sich Ihr Leben ganz genau in allen Einzelheiten vor – so wie es wirklich sein soll. Schreiben Sie alle Ziele in Ihr persönliches Drehbuch. Malen Sie kleine Skizzen, beschreiben Sie kleine detailreiche Szenen. Welche Aktionen sollten Sie machen, um Ihre Ziele zu erreichen, was bringt Sie Ihren Zielen näher? Schreiben Sie alle notwendigen Handlungen von Sparen bis Nebenjob oder nebenberufliches Geschäft auf. Recherchieren Sie alle Anlaufstellen, die Ihnen bei der Erreichung Ihrer Ziele helfen können: von der Handelskammer bis zum auswärtigen Amt, von Verbänden bis zu Freunden usw.

Machen Sie sich einen konkreten Zeitplan: Wann wollen Sie aus Ihrem jetzigen Leben ausgestiegen sein und ins „neue Leben“ umsteigen? Visualisieren Sie jeden Tag, beispielsweise abends, bevor Sie einschlafen, wie es sein wird, wenn Sie dieses Ziel erreicht haben werden. Überprüfen Sie alle zwei Wochen Ihre Notizen genau, und fassen Sie zusammen, was Sie vielleicht bereits erreicht haben. Glauben Sie an sich!

Die Rahmenbedingungen für Glück

Genauso wichtig wie feste und konkrete Ziele zu visualisieren und damit zu planen, ist es, dass Sie die Rahmenbedingungen dafür schaffen, dass Ihre Träume auch Wirklichkeit werden können.
Möchten Sie Salat pflanzen, brauchen Sie Erde, Feuchtigkeit und Sonne, nicht zu vergessen natürlich eine kleine Salatpflanze oder den Samen. Fehlt nur eine der Voraussetzungen, wird es nichts mit dem Salat. Sicher, es kann auch passieren, dass die Schnecken die Salatpflanze auffressen oder die Vögel das Samenkorn wegpicken. Das sind dann Einflussgrößen, die nur bedingt in Ihrer Verantwortlichkeit liegen.
Zu den Rahmenbedingungen, die Sie zur Erfüllung Ihrer Träume benötigen, gehören z. B. Gesundheit, Sicherheit, Erfolg, Fürsorge, Ordnung, Geld, Anerkennung, Gefühl, Liebe, Sex, Freiheit, Selbstbestimmung und vieles andere.
Sie selbst müssen Ihr Leben so problemlos und leicht wie möglich gestalten. Nur so sind Sie jederzeit aufnahmebereit und handlungsfähig, um die neuen Herausforderungen anzunehmen. Überprüfen Sie Ihre persönlichen Rahmenbedingungen und bringen Sie diese in ein gutes Gleichgewicht. Das können Sie tun, indem Sie Ihre Lebensgewohnheiten überprüfen und in eine der Gesundheit angemessene und für Sie befriedigende Form bringen.

Sie brauchen beispielsweise eine gute physische Gesundheit, um Ihre Träume zu verwirklichen. Wenn man unter Kreislaufproblemen leidet, Bluthochdruck oder eine andere Zivilisationskrankheiten hat, führen diese zu einem dauernden Unwohlsein. Und Unwohlsein ist die Basis aller Unzufriedenheit, denn es entsteht ein anhaltender Zustand von Disharmonie im Körper.

Eine gesunde Lebensweise kann man nicht pauschal empfehlen, denn dafür sind wir Menschen viel zu individuell. Ganz allgemein jedoch gehören zu einer gesunden Lebensweise gesundes Essen und Trinken. Haben Sie größeres Übergewicht, sollten Sie etwas dagegen unternehmen. Beim Essen entsteht zwar manchmal auch so etwas wie „Glück“, aber Vorsicht, das ist ein trügerisches Glück, denn nach dem Essen verschwindet dieses Hochgefühl wieder, weil all die schönen Endorphine, die dabei entstanden sind, wieder verstoffwechselt werden. Versuchen Sie, es sich zum Prinzip zu machen, sich gesund zu ernähren. Lassen Sie sich beraten, welche Ernährungsform für Sie die beste ist, um vital, gesund und jung zu bleiben. Es ist dabei nicht wichtig, eine bestimmte Diät dogmatisch einzuhalten, sondern das Essen Ihrem Gesundheitstyp und Zustand immer wieder anzupassen – Nahrung als Medizin sozusagen.

Unwohlsein ist die Basis aller Unzufriedenheit.

Trinken Sie viel Wasser und essen Sie frische Früchte. Ab und zu dürfen Sie auch einmal über die Stränge schlagen und sich ein leckeres Eis oder eine Pizza gönnen. Aber ab sofort mit dem rechten Augenmaß! Vermeiden Sie zukünftig alle Dinge, die mit „zu“ umschrieben werden können, wie z. B. zu fett, zu süß, zu viel, zu heiß, zu kalt usw. Trinken Sie ruhig einmal ein Glas Wein oder Bier. Der in Maßen genossene Alkohol wirkt wie eine Medizin. Er ist gut für Ihr Herz und entspannt Sie. Lernen Sie alles in Maßen zu genießen: Wenig und gut ist besser als viel und schlecht!

Versuchen Sie lieber, die Dinge bewusst zu genießen.

Tun Sie alles dafür, dass Ihre Stimmung gut ist. Machen Sie Spaziergänge an der frischen Luft mit ausgeschaltetem Handy, gehen Sie hin und wieder einmal im Winter auf die Sonnenbank, in die Sauna, ins Schwimmbad. Kaufen Sie sich schöne Kleidungsstücke. Tun Sie alles, damit Ihnen und anderen auffällt, dass Sie ein glücklicher Mensch sind. Schon kleine Dinge machen Sie froh und schaffen damit die Grundlage für Glück. Harmonisieren Sie Körper und Geist mit diesen kleinen Dingen.

Lassen Sie Entspannung zu einem wichtigen Ereignis werden: ein schönes Buch, etwas Musik. Erleben Sie ruhige und schöne Wochenenden im Wechsel mit genussvollen Unternehmungen, egal ob sportlicher oder kultureller Art. Fahren Sie hin und wieder zu Wellnesswochenenden in ein schönes Hotel. Gestalten Sie Ihre Wohnung neu. In einer neuen Umgebung sind Sie ein neuer Mensch.

Bauen Sie sich Ihr persönliches und genussvolles Leben auf. Das muss nicht mit großen Ausgaben verbunden sein. Viel eher ist die neue Gewichtung der Interessen notwendig.

Suchen Sie sich eine Sinnorientierung. Das kann ein Hobby sein, ein Fernstudium, Vereinsarbeit, Sozialarbeit. Entwickeln Sie Ihren eigenen Stil und ein Profil und bekennen Sie sich dazu. Entwickeln Sie Spontaneität und Flexibilität. Immerhin haben wir in ca. 80 Lebensjahren etwa 300 000 Stunden, die wir mit Freizeitaktivitäten verbringen können. Genießen Sie alles, was Sie tun, im Hier und Jetzt. Leben Sie mit Ihren Sinnen. Seien Sie bereit, sich zu entdecken. Tun Sie bevorzugt die Dinge, die Ihnen leicht von der Hand gehen, Ihnen sozusagen einen „Flow“ bereiten. Dabei wird ganz viel vom Glückshormon Serotonin frei. Lachen Sie wieder öfter. Gehen Sie in einen lustigen Film, lassen Sie sich Witze erzählen. Lachen sendet nicht nur unseren Mitmenschen positive Signale, es hat auch positive Auswirkungen auf unser Wohlbefinden und unser Immunsystem.

Genießen Sie alles, was Sie tun, im Hier und Jetzt.

Lernen Sie, sich wohl zu fühlen, Ihren Platz im Leben zu finden, zufrieden zu sein. Eine Langzeitstudie der University Yale mit über 50-Jährigen erbrachte ein überraschendes Ergebnis: Die, die sich glücklich fühlten, lebten im Schnitt sieben Jahre länger! Oft kommt bei derlei Unternehmungen und Lebensumstellungen schon die sinnbildliche Weggabelung, wo Ihre Träume beginnen, Realität zu werden. Die wichtigste Rahmenbedingung, um Glück zu erreichen, ist es aber, sich Ziele zu setzen.

Beginnen Sie auch damit, alles ins Reine zu bringen, was Sie gerade nervt oder unklar ist. Treffen Sie Vereinbarungen für die Zurückzahlung bestehender Schulden, lösen Sie unangenehme Beziehungen zu anderen Menschen auf und intensivieren Sie die Beziehungen zu den Menschen, die Ihnen etwas bedeuten.

Räumen Sie alle Hindernisse aus dem Weg, die Sie unglücklich machen. Viele der notwendigen Strategien dafür werden Sie in den nachfolgenden Kapiteln kennenlernen. Alle Strategien zielen darauf ab, Ihre äußeren Lebensbedingungen so positiv zu verändern, dass Sie mehr Zeit und Raum haben, endlich das Glück in Ihr Leben einziehen lassen zu können. Dazu gehört es, mehr Zeit für sich abzuzweigen, eine positivere Einstellung zu bekommen, ein starkes Selbstbewusstsein zu kultivieren, aber auch Kraft zu entwickeln für die unschönen, scheinbar schicksalhaften Momente im Leben, die es ja durchaus auch gibt und in denen wir nicht glücklich sind. Kurzum, Sie werden lernen, selbst verantwortlich für Ihr Glück zu sein.

Eingefahrene Ansichten begrenzen uns

Oft halten uns nur unsere eingefahrenen Ansichten davon ab, etwas für möglich zu halten. Denkmuster und scheinbar unveränderbare verinnerlichte Bilder, an die wir uns derart gewöhnt haben, dass wir oft nicht mehr bereit sind, sie aufzugeben, bestimmen weitgehend all unsere Handlungen und insbesondere auch, wie wir diese Handlungen vornehmen.

Denkmuster, die wir oft nicht bereit sind, aufzugeben, bestimmen weitgehend unsere Handlungen.

Denkmuster können aber auch die Welt verändern. Sie sind Paradigmen, das heißt, sie geben Musterbeispiele für bestimmte Abläufe, Handlungen, Ergebnisse, Erwartungen, Wahrscheinlichkeiten, und warum sollten wir diese nicht ändern können? Was in einem System stimmt und funktioniert, kann sehr gut in einem anderen System nicht stimmen und nicht funktionieren. Deshalb sind feste Denkmuster unserer Entwicklung eigentlich hinderlich. Sie verhindern unsere spontanen instinktgeprägten „Bauchentscheidungen", prägen eine bestimmte Erwartungshaltung von Erfolg oder Misserfolg und verhindern somit eine objektive Hoffnung auf Erfolge.

In der Praxis haben wir so unsere gefestigten Annahmen, die uns begrenzen. Oft sind es kollektive Annahmen, z. B.

das Weltbild vor Kopernikus und das Weltbild danach: Einer der gravierenden Paradigmenwechsel war die Ablösung des ptolemäischen Systems mit der Erde als Zentrum des Universums durch das neue Paradigma des kopernikanischen Systems mit der Sonne als zentralem Gestirn. Kopernikus hat das Sonnensystem nicht umgebaut, er hat es nur auf neue Weise beschrieben – alles blieb dabei an seinem Platz.

Ein Paradigmenwechsel ändert ein Weltbild, nicht die Welt. Alles bleibt, wie es ist, man versteht es nur auf einmal besser. Das bessere Verständnis kann im Anschluss ohne Weiteres zu einer durchaus drastischen Umorientierung des Handelns führen, weil man nun besser weiß, auf was es ankommt und auf was nicht. Paradigmen sind nicht nur Wissenschaftstheorien. Auch im realen Alltag, in Geschichte und Wirtschaft, ja selbst im Familienleben begegnen uns kollektive Annahmen, die so lange aufrechterhalten werden, bis sie durch neue Theorien und Beweise nach und nach bröckeln – wir sollten aufhören, irgendwelche kollektiven Annahmen oder Denkmuster weiter zu benutzen oder uns daran zu beteiligen.

Wir sollten aufhören, kollektive Annahmen oder Denkmuster weiter zu benutzen.

Bevor erste Kraftfahrzeuge 80 km pro Stunde schnell waren, nahm man an, dass man als Fahrer Geschwindigkeiten von mehr als 30 oder 40 km/h gesundheitlich gar nicht verkraften könne. Solche Theorien führen zu Widerständen bei der Innovation. Wie verfehlt die damals durchaus wissenschaftlich begründete Theorie war, sieht man daran, dass Menschen heute Verkehrsmittel benutzen, die knapp unter 1000 km/h Geschwindigkeit erreichen. Mit einem Eisenbahnzug 270 km/h schnell zu fahren, ist heute zur Normalität geworden. Bevor die Titanic unterging, war man der sicheren Meinung, dass ein solch großes Schiff niemals untergehe. Welch fatale Meinung. Man sieht, letztendlich sind Denkmuster weder nützlich noch vereinfachen sie unser Leben: Der Verzicht auf das alltägliche Hinterfragen aller Dinge rächt sich in Stillstand.

In Bezug auf Ihre ganz persönliche Entwicklung bedeutet das, dass Sie grundsätzlich immer und jederzeit glauben können, dass alles möglich ist. Es ist nicht alles wahrscheinlich, einiges sogar sehr unwahrscheinlich, aber grundsätzlich alles möglich. Verändern Sie Ihre Denkmuster so:

Hören Sie auf, die Welt nur in rechts und links und gut und schlecht einzuteilen. Es gibt auch Grautöne. Sie müssen das in der Schule und von Kindheit an immer wieder erlernte und erfahrene polare Lebens- und Weltbild von Schwarz und Weiß wieder verlernen. Sicher ist es leichter, daran festzuhalten, denn so muss man nicht differenzieren und sich auch nicht mit der Beurteilung und Abwägung verschiedenster Situationen auseinandersetzen. Dieses Denken weiß genau, wie etwas auszusehen hat, wie etwas beschaffen zu sein hat, wie es ordentlich gemacht werden muss usw. – dieses absolutistische Denken kennt nur „alles oder nichts". Es gibt aber im Leben oft auch nur „ein bisschen".

Lernen Sie ab sofort, dass Regeln auch Ausnahmen haben, dass es nicht nur schönes und schlechtes Wetter gibt, sondern auch zufriedenstellendes. Finden Sie sich damit ab, dass es nicht nur Idealbilder von „schön", „gesund", „stark" und „reich" gibt. Es gibt auch normal oder mittelmäßig, durchschnittlich fein oder durchschnittlich grob, halb gar oder leicht angeschmutzt, fast sauber oder nicht wirklich schmutzig. Lernen Sie Zustände und Situationen großzügig und gerecht zu beurteilen. Hören Sie auf, die Ansichten anderer als gesellschaftliche Zwänge anzusehen. Sie können Ihr Gras durchaus länger wachsen lassen, als es Ihr Nachbar tut. Ihr Auto darf öfter oder weniger gewaschen werden, so wie es Ihnen eben gefällt.

Lernen Sie Zustände und Situationen großzügig und gerecht zu beurteilen.

Schauen Sie einmal Ihre Welt durch die entpolarisierte Brille an. Was für Sie oder Ihre Nachbarn, für die Mehrzahl aller 80 Millionen Deutschen normal zu sein scheint, ist vielleicht für etwa eine Milliarde Inder gänzlich unnormal. Wie verhält es sich also mit dem Begriff „normal"? Ist nur was alle machen und wie alle leben normal? Wenn doch ein Sechstel der Weltbevölkerung, beispielsweise in Indien, ganz anders lebt, andere Prioritäten im Leben hat? Es kann also niemals statistisch normal sein, wie 80 Millionen Menschen in unserem Land leben. Nicht einmal alle Menschen der „ersten Welt", aller Zivilisationsländer zusammen, stellen eine statistische normale Mehrheit auf, die vorgeben kann, dass das Leben, das sie vorleben, normal ist.

Während Sie morgens mit Bus oder Bahn ins Büro fahren, geht am indischen Morgen in Madras ein gleichaltriger Mensch zum Abfallsammeln oder Elefantenhüten, und ein Großunternehmer in Mumbai lässt sich sein Frühstück von seinem Hauspersonal servieren. Während Sie Ihre erste Post im Büro erledigen oder Ihre Maschine in der Werkstatt anschalten, ist ein Massai in Afrika längst bei seiner Ziegenherde. Gleichzeitig lebt Joe Bentfeld, ein deutscher Abenteurer, am Yukon-River in einer selbst gebauten Blockhütte und beschreibt in seinem Tagebuch die Geschichte dessen, was für ihn normal ist.

Ein gravierendes Beispiel für normal oder unnormal oder für das Wort „Regelfall" wird deutlich, wenn wir uns vor Augen halten, dass 62 Prozent der Menschen auf dieser Welt noch niemals einen Telefonanruf getätigt haben. Ist es also „normal", irgendwo anzurufen? Für uns 38 Prozent Telefonbesitzer ja, für die Mehrheit aber nicht. Schaffen Sie sich ab sofort Ihre eigene Normalität. Normal ist, was Sie gerade machen und worauf Sie Lust haben. Legen Sie Ihr polares Weltbild ab, schaffen Sie sich ein multipolares Weltbild. Das nimmt Ihnen den ständigen Anforderungsdruck, dem Sie vermeintlich entsprechen müssen. Korrigieren Sie selbst Ihr Anforderungsprofil, das Sie an sich und andere stellen.

Schaffen Sie sich ab sofort Ihre eigene Normalität.

Alles ist möglich! Machen Sie sich diesen Satz zu Ihrem Leitsatz. Seien Sie lernfähig und pflegen Sie Ihre adaptive Intelligenz. Das ist die Fähigkeit, auf Erlebtes und Erlerntes, auf neue „Wahrheiten“, angemessen und sofort reagieren zu können, um Korrekturen der eigenen Meinung und des eigenen Weltbildes vornehmen zu können. Wenn Sie sich also so konditionieren, dass grundsätzlich alles möglich ist, dann sind Sie auch absolut in der Lage, große Ziele und Visionen zu verwirklichen.

Stopp dem Perfektionsdrang

Je mehr wir von uns, den Dingen und den Mitmenschen erwarten, desto höher ist das Risiko des Misslingens.
Gut ist oft nicht gut genug. Wir denken in Superlativen und streben nach dem ultimativen Perfektionserlebnis. Ob es das selbst gebaute Gartenhäuschen ist, die selbst gebaute Hundehütte – alles muss für die Ewigkeit geschaffen und unzerstörbar sein. Wir versuchen uns in allem, was wir machen, scheinbar für Generationen zu verewigen. In vielen Dingen schießen wir einfach über das Ziel hinaus: schöner, schneller, besser als gut: noch besser, perfekt. Wir träumen vom Übersuperlativ.

Wir setzen die Messlatte oft zu hoch, dass wir sie kaum überspringen können.

Unsere Sehnsucht nach Perfektion findet ihren Höhepunkt in der Körperkultur unserer Zeit. Eine Frau kann sich heute mehreren Schönheitsoperationen unterziehen, um noch schöner zu werden. Sie wird ohne Probleme einen Arzt finden, der sie operiert: Der Po zu dick, der Busen zu klein, am Bauch etwas Fett absaugen – kein Problem, für die perfekte Schönheit leidet man gern etwas. Vielleicht hat die Nase oder das Kinn auch noch die falsche Form? Auch hier kann man noch „perfektionieren“. Die Kosmetikindustrie macht uns vor, die perfekte Pflege parat zu haben, die weißesten Zähne zaubern zu können.

Die Anbetung der Perfektion hat eine lange Tradition. Das „Topmodel“ der Antike war die von Praxiteles geschaffene Aphrodite von Knidos, die Statue einer perfekten Göttin, die sich gerade zum Bade begeben will. Sie war die erste Darstellung eines nackten weiblichen Körpers in der Rundumsicht, und man gab ihr vor rund 2400 Jahren das Attribut „perfekt“, da sie sich nach damaligen Schönheitsvorstellungen nicht mehr weiter verbessern ließ.

Nicht erst seit Grimms Märchen zweifelt der Mensch: „Spieglein, Spieglein an der Wand, wer ist die Schönste im ganzen Land?“ Die Antwort kennen wir: Es gibt immer jemanden, der noch schöner ist. All die schönen Menschen verunsichern uns zutiefst, wenn wir selbst in den Spiegel schauen. Ist es wirklich so schlimm, ein paar Speckröllchen zu haben und aus dem Körperkultraster herauszufallen?

Ist es wirklich so schlimm, ein paar Speckröllchen zu haben und aus dem Körperkultraster herauszufallen?

Für Heidi Klum oder George Clooney wäre es undenkbar, Mängel an ihrem scheinbar perfekten Äußeren zu zeigen. Ihr Äußeres ist eine Ware, es hat einen Marktwert. Es ist sozusagen Teil ihres Berufs. Und das ist der entscheidende Unterschied: Clooney und Co. sind gut in dem, was sie tun. Sie wollen und können aber nicht in allem gut sein. Sich für großen Erfolg in der Arbeit anzustrengen, ist eine konstruktive Strategie, die uns weiterführt, die aber nichts mit Perfektionssucht zu tun hat. Der Schriftsteller Antoine de Saint-Exupéry brachte es wie folgt auf den Punkt:

> *Perfektion ist nicht dann erreicht,*
> *wenn es nichts mehr hinzuzufügen gibt,*
> *sondern wenn man nichts mehr weglassen kann.*
>
> Antoine de Saint-Exupéry

Sind wir also auf dem Holzweg mit unserem Perfektionierungsdrang? Brauchen wir die Anerkennung unserer Mitmenschen für unser perfekt gestyltes Äußeres und unseren Lifestyle mit Haus und Auto? Werden wir erst vollwertig, indem wir dem allgemeinen Schönheits- oder Lebensideal entsprechen? Müssen wir dem Mainstream hinterherlaufen, oder dürfen wir den Mut haben, so zu sein, wie wir nun einmal sind? Haben Sie nicht auch schon das Gefühl gehabt, sich verstellen zu müssen? Damit verschenken wir unsere Kreativität und unsere wundervolle Einzigartigkeit. Seit wann und warum haben wir diesen Leistungsdruck, alles perfekt haben zu wollen? Unsere Augen als wichtigste Sinnesorgane nehmen etwa 80 Prozent an Informationen wahr. Das Auge hält sich ganz genau an seine Funktion; es bildet ein relativ natürliches Abbild der Umgebung ab, Wirklichkeiten also. Es ist als „optoelektrisches Instrument" zunächst völlig unkritisch und ehrlich und schweigt sich darüber aus, was schön oder hässlich, dick oder dünn ist.

Müssen wir dem Mainstream hinterherlaufen oder dürfen wir den Mut haben, so zu sein, wie wir nun einmal sind?

Kompliziert wird es erst, wenn diese Bilder in unser Gehirn gelangen. Was wir dort damit machen, ist abhängig von all den Filtern, die wir im Laufe der Zeit gesetzt haben, sprich unseren Erfahrungen, unserer kulturellen Prägung und der Zeit, in der wir leben. Was wir also wirklich sehen, entscheidet sich erst im Gehirn. Wenn zwei Menschen auf den gleichen Bildausschnitt schauen und anschließend erzählen, was sie gesehen haben, berichten sie oft über vollkommen unterschiedliche Dinge. Genauso ist es mit der Schönheit und mit der Perfektion der Dinge. Was wir für schön halten, wird ein anderer vielleicht für durchschnittlich halten.

Alles was wir sehen, wird in unserem Kopf mit bestimmten Anforderungsprofilen verglichen, die wir seit unserer Kindheit als Standards in uns gesetzt haben. So erkennt der eine wahre Schönheit, wo ein anderer nicht mal ein „ausreichend" vergeben würde. Nicht umsonst lautet ein geflügeltes Wort „Schönheit liegt im Auge des Betrachters".

Je länger wir uns dem Drang nach Perfektion hingeben, desto eher wird eine Sucht daraus. Viele Menschen empfinden sich in einer Zwangssituation, nicht genau das zu finden, was ihren inneren Qualitätsanforderungen entspricht. Deshalb finden sie oft keine Partnerin, keinen Partner und können sich auch im Alltagsleben sehr schlecht für etwas entscheiden, weil sie fürchten und hoffen, es könne noch etwas Besseres kommen.

Je perfekter und vollendeter wir unser häusliches Umfeld gestalten, desto mehr lähmt diese scheinbar perfekte Umgebung unsere Kreativität und die Intuition. Wir erwarten eben grundsätzlich, dass alles „ordentlich“ ist, eben alles „perfekt“, das geht vom Berufsleben über die Wirtschaft bis zur Kunst.

Auf der Website eines Unternehmens steht zu lesen: „Unser ureigenster Anspruch nach Perfektion spornt uns an, immer wieder unser Bestes zu geben und kritisch mit unseren Ergebnissen umzugehen. Unser Erfolg und die Zufriedenheit unserer Kunden basieren auf einer konsequenten Null-Fehler-Strategie“. Man möchte nicht wissen, was bei einer solchen „Null-Fehler-Strategie“ Mitarbeitern blüht, die einmal nicht ganz perfekt arbeiten …

Viel zu oft nimmt uns der Perfektionsanspruch schon in der Planung all unsere Möglichkeiten, einfach und leicht mit unseren Vorhaben zu beginnen.

„Mal sehen, was kommt“ wäre bei vielen unserer Lebensunternehmungen das sinnvollere Motto.

Ein „Mal sehen, was kommt“ wäre bei vielen unserer Lebensunternehmungen sinnvoller. Die Überprüfung aller Eventualitäten, aller Fallsimulationen nach dem Motto „Was könnte schiefgehen?“ bringt uns bei allem ein riesengroßes Startgewicht, sodass wir – wenn überhaupt – nur noch wie ein seekranker Albatros abheben können.

Neue Firmengründungen scheitern oft an all den hohen Ansprüchen ihrer Gründer. Es kommt heute scheinbar nicht mehr auf Herz und Mut an, sondern eher auf Zahlen und Fakten. Wenn man sich selbstständig machen möchte, braucht man Businesspläne, Rentabilitätsberechnungen usw. Wie arm wären wir dran, wenn alle auf der Welt immer so hundertprozentig gewesen wären! Die fleißigen Asiaten wären heute noch allesamt Reisbauern, und niemand hätte riesengroße Industriekonzerne wie Toyota, Samsung, Sony, Hyundai oder Mitsubishi aus dem Boden gestampft.

Deren Motto war eher „learning by doing“ und „trial and error“: erst probieren und dann evaluieren. Bei uns ist es andersherum. Wir sind leider viel zu oft die Überorganisierer, die im Vorfeld ein Detailmatching machen und dabei das große Ziel aus den Augen verlieren. Wie viel schöner wäre es, etwas mehr Mut zur Gelassenheit zu haben, auch einmal kompromissbereit, unbeschwert und mit reduzierter Erwartungshaltung in neue Lebensunternehmungen zu gehen. Uns anzunehmen, wie wir sind, unseren Blick für die Realität schärfen. Mit einer derartigen Extravaganz hätten wir viel eher positive Überraschungen als negative.

Perfektionisten sind wenig tolerant und noch weniger zufrieden.

Wer nur nach Perfektion sucht, wird die Realität aus den Augen verlieren. Perfektionisten sind wenig tolerant und noch weniger zufrieden. Einer der Gründe dafür liegt darin, dass Perfektionisten einem ständigen Dauerstress ausgesetzt sind, denn das Perfekte wird ja nie fertig. Alles im Leben ist ein Kompromiss.

Der Anspruch, das Beste zu geben, ist ein ehrenwertes Motiv. Nicht vergessen dürfen wir jedoch, dass Menschen für Menschen arbeiten, für Menschen produzieren, Menschen im Theater oder Fernsehen unterhalten. Wir konfrontieren uns im normalen Lebensalltag mit anderen Menschen und nicht unablässig mit Prüfungskommissionen. Und Menschen dürfen kleine Fehler machen! Selbst wenn wir den Drang nach Superlativen abschaffen und einfach nur noch gut sind, werden wir immer noch annehmbare Standards haben.

Perfektion darf nicht zum Selbstzweck werden!

Perfektion darf nicht zum Selbstzweck mutieren. Ein gesunder Ansatz, perfekt sein zu wollen, muss kohärent, harmonisch und in die Praxis umsetzbar sein. Perfektion darf kein zwanghaftes und utopisches Konzept werden, welchem wir hinterherjagen.

Versuchen Sie bei allem, was Sie tun, in Beruf und Karriere gut zu sein. Machen Sie das, was Sie gern tun, auch gut. Sie müssen sich sogar anstrengen, denn Sie sollen ja Erfolg haben. Wenn Sie bei all Ihrer Anstrengung dann nur einen Teil des Erwünschten umgesetzt haben, dann können Sie stolz auf sich sein. Unermüdlicher Leistungswille darf nicht mit einem missverstandenen Perfektionsanspruch verwechselt werden.

Beachten Sie die Alarmzeichen an sich, die von zu viel Perfektionserwartung zeugen. Dazu gehören:

- Sie sind schwer zufriedenzustellen.
- Kleine Fehler beschäftigen Sie oft stundenlang.
- Sie tendieren dazu, alles allein zu machen, Delegieren fällt Ihnen schwer.
- Sie suchen so lange nach Fehlern, bis Sie welche finden.

Es gibt viel Neues zu entdecken und zu tun. Jeder Tag bietet neue Möglichkeiten, uns und die Welt zu verändern. Aber bitte nicht mit unserer Perfektionssucht. Sucht kommt von Suche. Was sucht ein Perfektionssüchtiger? Ein besseres Gefühl? Mehr Wohlbefinden? Mehr Anerkennung in sich selbst? Wie auch immer – Perfektionismus ist die Droge. Achten Sie bitte auch in Ihrem Beziehungsleben auf perfektionistische Tendenzen.

Neulich sagte der Mechaniker, einer, der es wissen muss, in der Autowerkstatt zu mir: „Nach fest kommt ab: Fester kann ich's nicht mehr schrauben." Recht hatte er. Was bedeutet das für unseren Alltag, für unser Leben? Wir haben den Punkt, an welchem die Schraube abbricht, nicht wirklich unter Kontrolle. Wir brauchen einen kleinen Sicherheitsabstand zu diesem Punkt. Dieses kleine Sinnbild mag verdeutlichen, dass wir manche Dinge auch gut gemeint versauen können. Wer kennt nicht die Wendung „das war zu viel des Guten". Unsere deutsche Sprache wimmelt nur so von Mahnungen vor Übertreibungen: nicht übers Ziel hinausschießen, mit Liebe erdrücken, es zu gut meinen usw.

Tun Sie nicht zu viel des Guten!

Ist gut gut genug? Der Begriff erscheint immer nur im positiven Kontext: Gut, besser, am besten. „Lass gut sein" bedeutet: Hör endlich auf damit! Des Guten zu viel verkehrt sich sehr schnell ins Gegenteil! Gut gemeint ist – wie landläufig bekannt – sehr oft schlecht. Oft lernen wir schmerzlich, dass wir diesen Abstand zum „Absturzpunkt" gut im Auge behalten müssen.

Aber auch im zwischenmenschlichen Bereich gibt es diesen Punkt, den wir nicht überschreiten sollten. Ein wenig Fingerspitzengefühl gehört dazu. „Kann ich dir noch irgendwas Gutes tun?" – oftmals nervt uns doch dieses liebevolle Angebot, weil wir gar nichts „Gutes" mehr haben wollen, zumindest im Moment nicht.

Nun gibt es Zeitgenossen, die es immer ganz besonders gut meinen: „Du kannst wirklich noch ein Stückchen Kuchen haben, willst du es dir nicht doch noch überlegen? Vielleicht willst du ja später noch ein Stück. Ich kann es dir auch einpacken und du kannst es mitnehmen." Dieser Drang, es immer perfekt machen zu wollen, dem anderen alles recht machen zu wollen, kann oft kippen. Manche Menschen merken nicht, dass sie sich zu einer zwanghaften Persönlichkeit entwickeln. Eine Persönlichkeitsstörung, die dazu führt, dass man es mit dem „Gutmeinen" derartig übertreibt, dass andere darunter leiden.

Versuchen Sie Ihren Partner und andere doch mit dem nötigen Respekt ernst zu nehmen und ihre Meinung und Antwort als gegeben anzunehmen. So bleibt ein Nein eben ein Nein. Ihr Partner wird es zu schätzen wissen, und Sie sparen viel Energie und gut gemeinte Sorge um andere. Gehen Sie doch einfach von sich selbst aus. Sicher wissen Sie selbst, wann Sie Hunger oder Durst haben. Prüfen Sie sich einmal selbst: Würden Sie erwarten, dass man Sie zwei- oder mehrmals fragt, wenn Sie einmal Nein gesagt haben?

Über das Ziel hinauszuschießen gilt freilich auch für Dinge wie Kontrolle, Kritik und Maß. Behalten Sie das rechte Maß immer im Auge. Kontrollieren Sie nur das, was Sie wirklich kontrollieren müssen, dann auch nur einmal. Kritisieren Sie nur das, was Sie wirklich kritisieren müssen, konstruktiv und nur einmal.

Kontrollieren Sie nur dass, was Sie wirklich kontrollieren müssen.

Seien Sie maßvoll in Ihren emotionalen Reaktionen zu anderen Menschen. Oftmals kommen die Gefühle anders beim Partner oder anderen Menschen an, als sie von Ihnen ausgesandt wurden. Deshalb seien Sie nicht allzu überschwänglich, wenn nicht wirklich ein Anlass dafür vorliegt. Insofern wir unseren Partner auch in seinen Wünschen, Negationen oder Äußerungen ernst nehmen, geben wir ihm das Gefühl, dass wir ihm wirklich zuhören. Nerven wir ihn mit unserem ständigen „Gutmeinen“, könnte er sehr schnell auf den Gedanken kommen, dass wir ihn nicht so ganz ernst nehmen.

Perfektion ist Lähmung. Winston Churchill

Demotivationskräfte erkennen und bekämpfen

Überprüfen Sie von Zeit zu Zeit Ihren Traumstatus. Was haben Sie erreicht, welche Erfolge haben Sie durch Ihr zielgerichtetes Handeln zu verbuchen? Wie hat sich Ihre berufliche Karriere oder Ihr geschäftlicher Erfolg entwickelt?

Wenn Sie entsprechende Zwischenziele auf Ihrem Weg erreicht haben, so erklären Sie diese erreichten Ziele als Basis, von welcher Sie in keinem Fall wieder „absteigen" sollten. Jedes erreichte Zwischenziel ist die Basis für alle weiteren Entwicklungen und für alle neuen Erfolgsstrategien, wie Sie an Ihrem persönlichen Traum arbeiten.

Jedes erreichte Zwischenziel ist die Basis für alle weiteren Entwicklungen und für alle neuen Erfolgsstrategien

Sollten Sie nach einem halben oder einem ganzen Jahr zielgerichtetem Handeln keine Zwischenergebnisse erreicht haben oder das Gefühl haben, dass das Glück oder die Karriere an Ihnen vorbeigelaufen sein muss, dann wird es Zeit für eine genauere Ursachenforschung und entsprechende Kurskorrekturen. Haben Sie keine berufliche oder geschäftliche Weiterentwicklung erfahren, dann liegt es meist daran, dass es Dinge gibt, die in Ihrer eigenen Person liegen, welche Sie davon abgehalten haben, „alles" zu geben. Diese innerpersönlichen Konfliktkräfte müssen Sie aufspüren und eliminieren.

Nehmen wir ein Beispiel für einen innerpersönlichen Konflikt und eine daraus resultierende Demotivationskraft: Sie wollen im Betrieb Karriere machen und etwas erreichen. Das ist eine hundertprozentige Motivationskraft. Gleichzeitig fühlen Sie sich aber von Ihrem Chef ein wenig übergangen, weil ein anderer schneller als Sie eine Schlüsselposition erhalten hat. Das macht Sie ärgerlich und demotiviert Sie. Vielleicht haben Sie insgeheim auch schon darüber nachgedacht, sich selbstständig zu machen; auch das ist – im Sinne einer betrieblichen Karriere – eine Demotivationskraft. Sie halten Ihre Stellung für völlig unterbezahlt, auch das demotiviert. Oder Sie haben familiäre Probleme, die Sie während des Arbeitstages nicht komplett außen vor lassen können, Sie sind nicht ganz gesund und denken darüber nach, was Sie nun für Ihre Gesundheit tun können …

Haben Sie vier oder fünf solcher Demotivationskräfte, denen Sie nur jeweils eine Kraft von –10 Prozent zubilligen würden, dann würden an Ihren 100 Prozent Erfolgswillen, Karriere zu machen, bereits 50 Prozent fehlen. Sie arbeiten also nur mit 40 bis 50 Prozent Ihrer Energie auf Ihr Ziel hin, alle andere Energie wird von Misslaunen, Zweifeln, Wut, Ärger und Problemen aufgefressen. Sie arbeiten ineffizient, und Ihr Chef zahlt Ihnen 50 Prozent Gehalt zu viel, denn Sie liefern nur 50 Prozent Erfolgsbereitschaft – überspitzt gesagt. Dennoch: Ziehen Sie keine Energien ab, indem Sie Zweifel, Missgunst, Misstrauen oder Wut und Ärger von sich Besitz ergreifen lassen und lassen Sie alle häuslichen Probleme zu Hause. Lassen Sie sich ab sofort nur noch dann von Ihrem Partner oder Ihrer Partnerin im Büro anrufen, wenn wirklich das Haus brennt – sonst nicht mehr. Sie müssen Ihren Karriere- oder Erfolgswillen auch mit 100 Prozent zielgerichteter Energie unterstützen. Prüfen Sie jeden Tag, ob irgendwelche Demotivationskräfte Ihren weiteren Erfolg behindern. Arbeiten Sie immer hundertprozentig an Ihrem Ziel.

Arbeiten Sie immer hundertprozentig an Ihrem Ziel.

Genau wie im Rahmen der beruflichen Karriere existieren auch im privaten Bereich sehr viele Demotivationskräfte oder negative Einflussfaktoren, die die Zielerreichungskraft abschwächen. Nehmen Sie an, Sie sind krank und wollen gesund werden. Welche Gefühle könnten dann unbewusst Ihren Gesundungsprozess behindern? Zum Beispiel der Verlust des Mitleids anderer oder die Gefahr, plötzlich wieder voll in Beschlag genommen zu werden. Es gibt so viele unbewusste und bewusste Einflussfaktoren, die eine rückwärts gerichtete Kraft ausmachen und uns von der Erreichung unserer Ziele abhalten. Prüfen Sie sich immer wieder aufs Neue, gehen Sie in sich und fragen Sie sich, welche Gedanken habe ich, die mich eventuell hindern könnten, eine Veränderung zu erreichen?

Wollen Sie mehr Gehalt? Klar – wer will das nicht. Was befürchten Sie spontan, wenn Sie daran denken, mehr verdienen zu wollen? Vielleicht verspüren Sie Angst, den „gewohnten Schlendrian" dafür aufgeben zu müssen, vielleicht haben Sie auch nur ein schlechtes Gefühl beim Gedanken an Geldforderungen. Vielleicht glauben Sie, dann mehr Engagement und mehr Zeit aufbringen zu müssen. Vielleicht fürchten Sie auch, dann weniger Zeit für die Familie zu haben. Alle diese spontanen Gedanken sind nach rückwärts gerichtete Kräfte, die Sie davon abhalten, Ihre Forderung zu realisieren. Sie müssen alle diese bewussten und unbewussten negativen Einflussfaktoren ausräumen und reinen Herzens mit hundertprozentigem Willen und hundertprozentigem Einsatz an den Dingen arbeiten, die Sie erreichen möchten.

Lösen Sie alte Strukturen auf

Kennen Sie das auch: Ihr Computer streikt, weil er voll ist mit altem Datenmüll, lange unbrauchbar, Fragmenten von nichts, Teilen von unbenötigten Programmen, die Ihre Festplatte blockieren und Ihnen den Weg zu schnellen und effizienten Handlungen verwehren. Sicher benutzen Sie ab und zu ein Defragmentierungsprogramm und räumen Ihre Festplatte auf, löschen hin und wieder temporäre Dateien, Cookies oder Desktopverknüpfungen, die sich längst als unnütz erwiesen haben. Das Defragmentierungsprogramm bündelt einzelne Bits zu Datenpaketen und bringt das Ganze wieder in eine logische Reihe und an einen sinnvollen Platz.

Im realen Leben ist es nicht anders. Denken Sie nur an die vielen kleinen Gedankenmeteoriten, ungelösten Probleme, diffusen Befürchtungen und die ewig gleiche Unordnung in unserem Kopf. Da spukt ein Sammelsurium in unseren Köpfen herum, das unsere geistige Leistungsfähigkeit einschränkt. Ein unerledigter Anruf neben einem „Ich muss dringend zum Zahnarzt“, vergessenen Einladungen, noch zu besorgenden Geschenken, dringend durchzuführenden Autoreparaturen, der Frage nach dem Wohin im nächsten Urlaub, den vielen kleinen angefangenen Baustellen des Lebens. Versuchen Sie, es zu ordnen und zu vereinfachen. Lösen Sie Denkblockaden auf, die durch ewiges Gedankenabschweifen hervorgerufen werden.

Lösen Sie Denkblockaden auf, die durch Gedankenabschweifen hervorgerufen werden.

Richten Sie sich feste „Denkzeiten“ für arbeitswichtiges und somit einkommenswichtiges Denken ein. Richten Sie sich ebensolche Denkzeiten für Ihre Familie und auch für sich selbst ganz allein ein. Weichen Sie von diesen Regeln nur dann ab, wenn etwas dazwischen kommt, das wichtig und dringend ist. Alles andere verschieben Sie auf die dafür vorgesehene Denkzeit, in der Sie konstruktiv über die in diesem Segment anstehenden Dinge nachdenken und versuchen, Lösungsmodelle zu erarbeiten oder gar das eine oder andere kleine Problem sofort zu lösen. Danach haken Sie das Thema ab und denken erst wieder darüber nach, wenn es Probleme macht oder sich anderweitig wieder zu Wort meldet.

So defragmentieren Sie Ihre eigene „Festplatte“: Denken Sie an die Lösung anstehender Probleme oder an Sorgen, welche Sie bewegen, zukünftig nur noch in einem lösungsorientierten Rahmen. Dinge, die Sie erst Montagmorgen telefonisch oder persönlich regeln können, sollten nicht schon am Sonntag in Ihrem Kopf kreisen. Versuchen Sie zukünftig, diese Gedanken und Sorgen nur noch dann zu „bedenken“, wenn auch eine sofortige Einflussmöglichkeit oder Handlungsmöglichkeit besteht. Es gibt abends beim Zubettgehen keine wirklichen Einflussmöglichkeiten auf anstehende Sorgen oder quälende Probleme. Deshalb bringt „sich Gedanken machen“ hier auch nur schlaflose Nächte. Zukünftig sollten Sie sich ganz klar sagen: Ich kann diese Dinge nur in einem zeitlichen, örtlichen und personellen Rahmen lösen, der für die Lösung adäquat ist. Dann lassen Sie los und verschieben Sie das Problem oder die Sorgen auf den Moment, wo Sie wirklich Einfluss nehmen können.

Erkennen Sie sinnlose Gewohnheiten

Haben Sie auch schon einmal in der Sauna beobachtet, wie andere Saunagänger beim Eintritt in die Sauna als Erstes akkurat die Sanduhr umdrehten? Dieser Tage beobachtete ich wieder dieses Schauspiel: Ein Paar um die 30 saß dort und stöhnte und schwitzte. Alle zehn Sekunden sah die Frau die von ihr herumgedrehte Sanduhr an, ob sie denn nicht bald fertig sei. Beiden wurde es zusehends unangeneh-

mer, aber sie hielten eisern durch und verließen die Sauna erleichtert, als endlich der ganze Sand durchgelaufen war.
Wozu ist es gut, sich bei einem Freizeitvergnügungen von einer Sanduhr diktieren zu lassen, wann das höchste Wohlbefinden erreicht ist? Der Sanduhrdreher würde wahrscheinlich verwundert antworten, „weil sie da ist und weil ich es immer schon so gemacht habe". Ja, weil wir es immer so gemacht haben, machen wir es auch in Zukunft so: Wir unterwerfen uns dem Diktat der Sanduhr. Die Sanduhr sagt uns, wann unsere Frühstückseier gar sind und – bezogen auf die Sauna – wann wir selbst gar sind.

Unterwerfen Sie sich nicht dem Diktat der Sanduhr.

Wie viel besser, gesünder und stressfreier wäre es doch, wenn wir einfach die Augen schließen und in uns horchen würden. Die Süße des guten Gefühls, die „Wellness" endlich in uns spüren und ein Feedback unseres Körpers bekommen. Unser Körper sagt uns schon, wann es genug ist, vorausgesetzt, wir kennen ihn und nehmen ihn ernst.
Bezogen auf das Alltagsleben tauchen sehr viele dieser Sanduhrmanien auf. Beobachten Sie einmal sich und andere. Was tun Sie immer gleich, welche Dinge tun Sie stets in Hetze, über welche Dinge denken Sie einfach nicht mehr nach? Haben Sie beim gestrigen ersten Schluck Kaffee darüber nachgedacht, wie er schmeckte? Wissen Sie noch, was Sie empfanden, als Sie diese Tasse getrunken haben? Oder waren Sie wie so oft in Eile, haben keinen Gedanken an diese Tätigkeiten verschwendet?

Halten Sie beim nächsten Mal kurz inne und trinken Sie Ihren Kaffee oder Tee bewusst und langsam. Spüren Sie den Genuss, den Geschmack, die Süße, die Bitterkeit. Schweifen Sie ruhig kurz ab und denken Sie darüber nach, wie der Teebusch wohl aussehen wird oder der Kaffeestrauch, von welchem Ihr Getränk geerntet wurde. Mit diesem kleinen Innehalten schärfen Sie Ihre Sinne und lernen, Genuss anzunehmen und zu spüren. Versuchen Sie öfter einmal nachzuspüren, nachdem Sie etwas getan haben: essen, trinken, Sport, was auch immer. Lassen Sie das verklungene Gefühl etwas in sich nachhallen und denken Sie kurz darüber nach. Spüren Sie Attribute wie süß, salzig, verschwitzt, erschöpft, leicht, schwer. So schärfen Sie all Ihre Sinne für den Genuss. Sie erreichen damit eine ganz neue Sicht und Bewertung der Dinge und erfahren gleichzeitig eine kleine Meditation. Das baut Stress ab und wirkt wie ein Intermezzo für die Sinne, an einem jener ewig gleichen Tage, die das Leben mit sich bringt. Versuchen Sie öfter einmal, mit all Ihren Sinnen zu leben, um sich die kleinen Gewohnheiten einmal bewusst werden zu lassen.

Durch das Innehalten schärfen Sie Ihre Sinne und lernen, Genuss anzunehmen und zu spüren.

Vielleicht fällt Ihnen ja dabei auf, dass so manche Gewohnheit, zu der Sie sich hinreißen lassen, weder besonders sinnvoll ist, noch das Leben erleichtert, noch besonders komfortabel ist – wie z. B. die Sanduhr.

Bringen Sie über die Veränderung Ihrer Gewohnheiten einmal Abwechslung in Ihr Leben. Ziehen Sie sich beispielsweise morgen früh einmal in ganz anderer Reihenfolge an als sonst. Beginnen Sie den Tag statt mit Zähneputzen erst mit Kaffeetrinken und putzen Sie sich die Zähne danach oder – falls Sie es schon so machen – umgekehrt. Machen Sie einfach irgendeine Kleinigkeit am nächsten Morgen anders. Sie werden überrascht sein, wie diese Veränderung in Ihr Bewusstsein dringt. Vielleicht wird es Sie befremden, oder Sie schmunzeln darüber, weil Ihnen auffällt, wie mechanisch Sie Ihr Leben abspulen. Das Leben ist aber zu schade, um es mechanisch und unbewusst zu leben. Schärfen Sie Ihre Sinne und nehmen Sie wieder wahr. Denken Sie einmal daran, wie es war, als Sie ein Kind waren. Kinder nehmen die Dinge viel bewusster wahr als Erwachsene. Kinder spüren dem Schluck Kakao nach, wenn sie ihn herunterschlucken, strahlen und schmatzen und zeigen ihr Wohlbefinden. Irgendwann, wenn wir größer werden, verlieren wir in der Alltagsroutine diese Genussfähigkeit wieder.

Das Leben ist zu schade, um es mechanisch und unbewusst zu leben.

Glück heißt, sich von Dingen lösen zu können

Ein großer und wichtiger Schritt bei der Erreichung Ihrer Ziele ist es, all den kleinen und großen Dingen, die Sie liebgewonnen haben, ihren existenziellen Stellenwert zu nehmen. Versuchen Sie einmal die Dinge in einem nützlichen, aber nicht notwendigen Kontext zu sehen. Ein Auto ist wahrscheinlich auch für Sie sehr wichtig, um zur Arbeit zu kommen, mit der Familie einen Ausflug zu machen, in Urlaub oder ganz einfach nur zum Supermarkt zu fahren. Es spricht auch nichts dagegen, dass Sie sich ein großes, tolles und luxuriöses Auto kaufen, wenn Sie es sich leisten können. Es spricht aber vieles dagegen, dass Sie den Dingen einen zu hohen Stellenwert beimessen. Das schafft Leiden. Sehen Sie die Dinge, mit denen Sie sich in Ihrem Leben umgeben, als normal an, aber auf Zeit gegeben. Sie werden all die schönen Dinge nur eine gewisse Zeit für sich haben, so wie Ihr eigenes Leben, andere Menschen, Partner, Kinder – alles müssen Sie früher oder später loslassen.

Alle Dinge müssen Sie früher oder später loslassen.

Besitzen und Begehren schafft Leiden, sagt der Buddhismus. Siddhartha Gautama, der spätere Buddha, wurde vor ca. 2600 Jahren als Prinz in eine Fürstenfamilie geboren.

Als junger Mann genoss er ein wunderschönes Leben in einem Palast. Anlässlich der „Drei Ausfahrten“ wurde er mit den leidvollen Aspekten des Lebens konfrontiert und beschloss, einen Weg zum völligen Überwinden des Leidens zu finden: Er zog sich als Wandermönch in den Wald zurück und erreichte schließlich durch Meditation unter einem Baum die vollkommene Erleuchtung. Den Rest seines Lebens widmete er der Lehre, indem er allen, die dazu bereit waren, den Weg zur vollkommenen Befreiung zeigte. Befreiung bedeutete für ihn auch das Entsagen von allen irdischen Gütern und Reichtümern.
Ganz so weit müssen wir den Buddhismus nicht in unser weltliches Leben einziehen lassen, allerdings hilft uns ein wenig gedankliche Abwendung von den materiellen Dingen, uns auf unsere größeren Ziele, so z. B. unseren Lebenstraum zu konzentrieren. Nehmen Sie das Beispiel des schönen und heiß geliebten Cabrios, welches Sie hegen und pflegen, wachsen und polieren. Ein kleiner Kratzer, eine kleine Beule in der Tür, achtlos oder absichtlich von einem Zeitgenossen verursacht, wird Ihnen vermutlich großen Schmerz bereiten. Vielleicht ärgern Sie sich darüber so sehr, dass Sie sich einen Sonntag oder ein ganzes Wochenende damit verderben – Ärger macht eben alles noch ärger. Wie viel gelassener könnten Sie doch über jenen Kratzer sein, wenn er nur am Firmenwagen wäre oder an einem Fahrzeug, dem Sie nur einen Nutzwert, nicht aber Gefühle zumessen. Begierde schafft also wirklich Leiden.

Versuchen Sie alle Dinge, die Sie sich erarbeitet haben, als gegeben hinzunehmen und sagen Sie sich jeden Tag aufs Neue, dass alles nur auf Zeit ist: das eine länger, das andere kürzer. Versuchen Sie, Gegenstände in Ihrem Denken „gefühlswertfrei“ zu halten. Lösen Sie materielle Bindungen soweit als möglich. Versuchen Sie zu genießen, aber nicht um den Preis, dass Sie Materialist werden. Loslassen zu können ist eines der wichtigsten Attribute auf dem Weg zur Erreichung des höchsten Glücks, des Nirwana, wie die Buddhisten sagen.

Versuchen Sie, Gegenstände in Ihrem Denken „gefühlswertfrei“ zu halten.

Oft ist es auch wichtig, Dinge loszulassen, damit sie sich einem wirklich erst zuwenden. Glücklich zu leben mit materiellen Dingen meint auch, ihnen keinen allzu hohen Stellenwert beizumessen. Nur wer einmal auf die Annehmlichkeiten des Lebens verzichten kann, ist in der Lage, sie auch zu genießen. Nichts ist dauerhaft, alles Materielle ist uns nur leihweise überlassen. Die Einstellung, dass alles um uns herum uns „nicht gehört“, hilft uns, Schmerzen und Leiden zu verhindern.

Wie schwer wiegt doch Liebeskummer oder Trennungsschmerz. Stellen Sie sich nur einmal vor, Ihr geliebter Partner oder Ihre geliebte Partnerin hätte Sie verlassen. Wie fühlt es sich an? Spüren Sie dem Gefühl einmal nach. Schlimm, schmerzvoll, unerträglich? Dabei ist dieser Schmerz vollkommen destruktiv. Glauben Sie, der Mensch, der sich gerade von Ihnen abgewandt hat, wird zu Ihnen zurückkehren, nur weil Sie Schmerzen haben über den Verlust? Trennungsschmerz und Eifersucht lösen keine konstruktiven Mechanismen in uns aus. Sie helfen uns weder, den Partner zu halten noch ihn zurückzubekommen. Aus diesem Grund ist es wichtig, auch während der Zeit größter Liebe immer und jederzeit bereit zu sein, den Partner auch loszulassen, wenn er es wünscht. Lieben Sie Ihren Partner, aber besitzen Sie ihn nicht. Danken Sie jeden Tag dafür, dass Sie mit diesem Menschen zusammen sein dürfen, aber halten Sie sich auch jeden Tag vor Augen, dass es nicht auf ewig ist.

Lieben Sie Ihren Partner, aber besitzen Sie ihn nicht.

Bereit zu sein loszulassen – das vereinfacht das Leben und vermeidet Schmerz. Diese Loslass-Bereitschaft bedeutet nicht, den Partner weniger zu lieben. Sie bedeutet nur, ihn nicht in Besitz zu nehmen.

Alles Materielle hat im Fall einer plötzlichen kostspieligen Krankheit doch nur den Sinn, es herzugeben, um sich damit bestenfalls die Gesundheit wieder zurückzukaufen. Bedauernswert sind all jene Workaholics, die in der ersten Hälfte ihres Lebens all ihre Kraft und Gesundheit hergeben, um beruflichen oder geschäftlichen Erfolg zu haben. In der zweiten Hälfte müssen sie dann oft alles Materielle wieder drangeben, um sich – meist erfolglos – ihre Gesundheit wiederherstellen zu lassen.

Eine gesunde Einstellung zu diesen Dingen, die Suche nach erstrebenswerten Zielen und der Weg zum großen Traum sind die rechte Einstellung. Das bedeutet natürlich nicht, dass Sie für die Erreichung Ihrer persönlichen Traumziele nicht auch hart arbeiten müssen. Im Gegenteil, in den vorangegangenen Kapiteln haben Sie ja erfahren, dass Sie alles Zielgerichtete tun sollten, was Sie Ihrem Traum etwas näher bringt. Setzen Sie diese Bemühungen aber immer ins rechte Licht zu Ihrem Traum. Ihr Traum muss es wert sein, was Sie für ihn tun. Ist es ein materieller Traum, dann sollten Sie sich immer wieder klarmachen, dass das Materielle nicht für immer bei Ihnen bleiben wird. Egal, was Sie tun, es ist immer auf Zeit.

Egal, was Sie tun, es ist immer auf Zeit.

Ein Beispiel mag verdeutlichen, wie wenig befriedigend materielle Träume sein können. Ich kenne einen erfolgreichen Architekten, der in seinem Leben viele exklusive Hotels gebaut hatte. Er erzählte mir, es sei sein Lebenstraum gewesen, im Alter auf Mallorca zu leben. Diesen Traum hatte er sich erfüllt: Er hatte sich ein Haus gekauft, sich einen Ferrari zugelegt und war Mitglied in einem exklusiven Golfclub geworden. Mit 65 legte er sich eine um 25 Jahre jüngere Frau zu, der er diverse Schönheits-OPs bezahlte. Er wollte in seinem Ruhestand einfach nur glücklich sein. Sehr schnell merkte er jedoch, dass er unzufrieden war. Das Haus verschlang Unsummen an Geld und Wartungskosten. Mit dem Ferrari konnte er auf den mallorquinischen Straßen kaum schneller fahren als die Spanier mit ihren einfachen Alltagsautos. Sehr bald war der Ferrari von ausparkenden Fahrzeugen stark ramponiert. Im Golfclub ärgerte er sich über viele kleine Unzulänglichkeiten. Sehr bald verließ ihn seine Partnerin, weil er immer so unzufrieden war und sich über jede Kleinigkeit aufregte. Er verließ schon bald „seine" Insel, verkaufte alles und ging zurück nach Deutschland. Sein Problem war eindeutig, dass er zuvor nicht genug über seinen Traum nachgedacht hatte. Viel zu spät erkannte er, dass dieser Traum nur aus materiellen Dingen bestanden hatte.

Prüfen Sie, ob Ihr persönlicher Traum eher aus materiellen Dingen besteht, und setzen Sie Ihre Kraft beim Erreichen dieser Ziele in Abhängigkeit davon ein.

Dem Alltag Glück abgewinnen

Sind Sie sicher, dass Sie Ihr Glück erkennen, falls es Ihnen über den Weg läuft? Haben Sie sich einmal Gedanken darüber gemacht, ob Sie bereit sind, das Glück auch unvoreingenommen und ohne Bedingungen anzunehmen? Der neue Arbeitsplatz, eine Beförderung, neue Freundschaften, ein Visum für Ihr Traumland … Erkennen Sie auf Anhieb Glück? Wie wäre das, wenn ein neuer Partner, eine neue Partnerin in Ihr Leben tritt, ein Mensch, der Sie fasziniert? Sind Sie bereit, diesen Menschen auch bedingungslos anzunehmen, so wie er ist? Bereit, ihn mit all seinen Geheimnissen zu entdecken? Oder benötigen Sie zunächst Garantien? Garantien, dass diese neue Partnerschaft auch logisch funktionieren kann, wirtschaftlich, räumlich … Versuchen Sie eher, die neue mögliche Partnerschaft mit rationellen Verstandesmomenten zu planen, oder sind Sie in der Lage, sich auf ein neues wunderschönes Lebensabenteuer einzulassen?

Viele Menschen können eben dies nicht. Sie versuchen, abstrakte Begriffe wie Liebe, Freude, Hoffnung, Glück in rationelle Denkvorgänge zu übersetzen. Liebe und Glück bestehen aber nicht aus binären Zahlen. Um unser Glück erkennen zu können, müssen

Liebe und Glück bestehen nicht aus binären Zahlen.

wir erst einmal wissen, was Glück überhaupt ist. Viele Menschen, die ich während der Recherche zu diesem Buch und auch als Patienten in meiner psychotherapeutischen Praxis kennenlernte, sehen Glück als etwas an, das in der nahen oder fernen Zukunft liegt oder von verschiedenen Unwägbarkeiten und zuerst einzutretenden Vorbedingungen abhängt: „Wenn ich erst einmal pensioniert bin, diese unliebsame Arbeit nicht mehr sehen muss, dann werde ich glücklich sein“, „Wenn meine Eltern mich auf eine bessere Schule geschickt hätten, mir ein Studium ermöglicht hätten, dann wäre ich heute glücklicher“, „Wenn ich nur damals einen anderen geheiratet hätte/den Job bei der Bank bekommen hätte/mich von den falschen Freunden ferngehalten hätte, dann wäre ich heute glücklicher“.

Solche Sätze hören wir immer wieder, manchmal auch von uns selbst. Es handelt sich bei jedem dieser Sätze um eine Utopie. Machen wir uns Selbstvorwürfe, weil wir nicht wirklich das erreicht haben, was wir hätten erreichen können, und suchen wir unser Glück in einem unrealistischen Zukunftsziel, ohne zu erkennen, dass es utopisch ist, dann sprechen wir von introjektiven Utopien: Wenn wir erst einmal alt sind, wandern wir auch nicht mehr nach Kanada oder Australien aus. Diese utopischen Ziele, die wir als Ausgleich zu der alltäglichen Banalität unseres Lebens hochhalten, sind nicht wirklich sinnvoll. Auch die extrojektiven Utopien für unser „Nichtglücklichsein“, die wir Eltern, Lehrern oder anderen bösen Umständen zuweisen, sind letztlich Utopien, Hilfskonstruktionen und Erklärungsmodelle für unser eigenes, als banal erlebtes Dasein.

> *Wir streben nach dem Unerreichbaren und verhindern so die Verwirklichung des Möglichen.* Robert Ardrey

Statt uns zu grämen um alles, was wir – aufgrund der vermeintlichen Schuld eines anderen – nicht erreichen konnten, sollten wir fair mit den Tatsachen umgehen und einen realistischen Blick für uns selbst finden und versuchen, uns anzunehmen und dem alltäglichen Leben unser ganz eigenes Glücksgefühl abzugewinnen.

Der Dalai Lama sagt, gute Gesundheit, gutes Essen, gute Verdauung und ein guter Schlaf gehöre zum Glück. Wenn dies bereits Glück bedeutet, dann müsste ja nahezu jeder Mensch glücklich sein, es zumindest über viele Lebensjahrzehnte sein. Ist es nicht bereits ein Glück, am Leben zu sein, einen Körper zu haben, der voller Sinnesempfindungen ist? Sich bewegen zu können, lieben zu können, genießen zu können, sollte uns doch bereits Glück genug sein. Wie viel Glück würde allein das „Sich-nur-bewegen-können" für einen Gelähmten bedeuten? Wenn wir all die Dinge, die wir haben und die wir können, ab morgen vermissen müssten, dann wären wir ganz sicher todunglücklich.

Glück aus Sicht der Psychologen bedeutet definitionsgemäß: die Empfindung absoluter und vollständiger Harmonie unseres Bewusstseins. Wir sind im Einklang mit unserem Tun, Erleben und unseren Erwartungen. Unsere Erwartungshaltung der Übereinstimmung äußerer Umstände und Befriedigung unserer Bedürfnisse sind im Einklang miteinander.

Glück aus Sicht der Psychologen bedeutet definitionsgemäß: die Empfindung absoluter und vollständiger Harmonie unseres Bewusstseins.

Glück hat auch eine intrapersonale Bedeutung, also eine Bedeutung im zwischenmenschlichen Bereich. Somit gehören zum Glückszustand die soziale Integration, ein positives Selbstbild, der Wunsch nach Austausch und Anerkennung, die Befriedigung sexueller Bedürfnisse usw. Im Rahmen der intrapersonalen Bedeutung von Glück kommen viele weitere Aspekte hinzu. Wir sind glücklich, wenn wir einen sogenannten Flow erleben, einen Zustand höchst lustbetonter Erfüllung in einer Tätigkeit. Sich ganz und gar für etwas engagieren, macht uns glücklich, weil wir daraus ein hohes Potenzial an Selbstanerkenntnis und Fremdanerkenntnis schöpfen können.

Voraussetzung für Ihr eigenes Glück ist nicht die allgemein objektiv nachvollziehbare Glückssituation, sondern Ihr subjektives unbewusstes Wohlbefinden. Es spielt keine Rolle, ob Sie Ihr Glücklichsein objektiv schildern und begründen können. Kurze Glücksmomente, wie z. B. beim Sex, wechseln mit lang andauernden Glücksmomenten ab, die sich z. B. aus einer tiefen Lebenszufriedenheit ergeben.

Was uns Deutschen Glück bedeutet, analysierte eine Studie im August 2005 (Quelle der Zahlen: Psychonomics). Die

Bedeutung von Glücksmomenten änderte sich oft schlagartig mit dem Lebensalter und der familiären Situation der Befragten. So war ein „glückliches familiäres Umfeld" für 74 Prozent der Familiengründer das Allerwichtigste. Nur 21 Prozent aller jungen Singles sahen dieses glückliche familiäre Umfeld als „Glück" an. Demgegenüber waren Freundschaften und ein guter Freundeskreis für 34 Prozent der befragten Jugendlichen das größte Glück, aber nur für fünf Prozent der Familiengründer.

Eine gut funktionierende Ehe oder Partnerschaft bedeutete für 39 Prozent der befragten jungen Paare das größte Glück, aber nur für magere zehn Prozent der bereits etablierten Familien. Dies mag auch daran liegen, dass wir oft den Blick für Glück verlieren, wenn wir es so lange und oft haben, dass es selbstverständlich wird.

Gesundheit bedeutete immerhin elf Prozent der befragten Jugendlichen Glück; dagegen befanden 32 Prozent der befragten Ruheständler Gesundheit als großes Glück. „Gute finanzielle Verhältnisse" empfanden durchgehend in allen Altersgruppen und Schichten eine Quote von sechs bis zwölf Prozent als Glück.

Ein sicherer Arbeitsplatz dagegen scheint gemeinhin kein Glück zu bedeuten. Bei Singles und Jugendlichen fanden sich nur ein Prozent der Befragten und bei Familiengründern nur neun Prozent der Befragten, die damit Glück assoziierten. Eine erfüllte Freizeit rangiert laut dieser Studie als Glück weit über Dingen wie „Bescheidenheit", „selbstbestimmtes Leben", „Glaube". Interessant an dieser Studie war aber in jedem Fall die „Zufriedenheit mit sich und seinem Leben“, die sieben bis 19 Prozent aller Befragten als großes Glück empfanden.

Glück stellt sich also höchst unterschiedlich für die Menschen dar, und oft sind die Anforderungen und Prioritäten an „Glück“ abhängig von Alter, sozialer und familiärer Stellung.

Oft sind die Anforderungen und Prioritäten an „Glück“ abhängig von Alter, sozialer und familiärer Stellung.

Wissen Sie, was Ihr ganz persönliches Glück ist? Vielleicht ist es Ihr Partner, Ihre Partnerin, an die Sie sich schon so sehr gewöhnt haben, dass Sie ihn oder sie kaum noch als Glück wahrnehmen. Vielleicht sind es Ihre Kinder?

Was dachten unsere großen Dichter und Denker über Glück? Die Philosophen hatten durch die Jahrtausende sehr unterschiedliche Auffassungen von Glück. Die Sophisten in der Antike plädierten für ungezügelte Begierde und Zügellosigkeit als Grundlage höchster Glückseligkeit. Aristoteles sah Glückseligkeit in der Rolle des einzelnen Wesens in der Staatengemeinschaft, außerdem mit äußeren Gütern hinreichend ausgestattet zu sein und tugendhaft zu leben. Cicero und Seneca sahen ein Leben im Einklang mit der Natur und dem Kosmos als glückselig an. Begierden und Lust sollten zurückgedrängt werden, wirkliches Glück bedeute die Unabhängigkeit von äußerem Geschick.

Immanuel Kant erhob Glückseligkeit zu einem moralischen Leitgedanken. Für Kant war der menschliche Glücksbegriff nicht greifbar, da der Mensch sein Glück durch seine

Neigungen hervorrufe und diese Neigungen im höchsten Maße schwankend sind. Er konnte sich den Entwurf einer sozialen Welt als höchsten Glücksbegriff vorstellen. Für Arthur Schopenhauer war es ein großer Irrtum, dass wir Menschen auf der Welt sind, um glücklich zu sein. Er empfahl trotz seiner pessimistischen Grundhaltung, das Glücksstreben nicht auf äußere Besitztümer und Ansehen zu richten, sondern die Entwicklung der eigenen Person in den Vordergrund zu stellen.
Literaten und große Denker meinten über Glück:

Das Glück besteht darin, dass man da steht,
wo man seiner Natur nach hingehört;
selbst die Tugend- und Moralfrage verblasst daneben.

Theodor Fontane

Mir kommt es immer vor, dass die Art,
wie man die Ereignisse des Lebens nimmt,
ebenso wichtigen Anteil an unserem Glück und Unglück
hätte als diese Ereignisse selbst.

Wilhelm von Humboldt

Will das Glück nach seinem Sinn dir was Gutes schenken,
sage Dank und nimm es hin ohne viel Bedenken.

Wilhelm Busch

Zeitgenössische Philosophen haben recht unterschiedliche Glücksdefinitionen, z. B. gute Gesundheit, die Fähigkeit, Beziehungen zu anderen Menschen aufzubauen, das Bewältigen von Widerständen und Entbehrungen, Siege und das Erreichen von selbst gesetzten Zielen.

Einen ganz wichtigen Glücksphilosophen und Glückslehrer möchte ich Ihnen aber nicht vorenthalten – Epikur. Der antike Philosoph beschrieb Glück als Schmerzvermeidung und den weitgehenden Verzicht auf übermäßigen Genuss. Epikurs Streben bezog sich nach der von ihm entwickelten Lehre auf diesseitiges Glücksempfinden. Er sah als höchstes Prinzip die Lustmaximierung im Leben an. Dazu erdachte er eine Art Bedürfnisregulationstheorie. Sein Credo vom Glück bezog sich auf das volle Leben mit dem Ziel, am Ende des diesseitigen Lebens zu vollendeter Seelenruhe und Weisheit gekommen zu sein. Einer seiner eindrücklichsten Lehrsätze ist wohl dieser:

Epikur beschrieb Glück als Schmerzvermeidung und den weitgehenden Verzicht auf übermäßigen Genuss.

> *Die Stimme des Fleisches spricht: Nicht hungern, nicht dürsten, nicht frieren. Wer das besitzt oder darauf hoffen darf, der könnte sogar mit Zeus an Glückseligkeit wetteifern.* Epikur

Epikur, der 300 vor Christus lebte und hochbetagt im Alter von über 70 Jahren starb, war ein Meister darin, Genuss zu erleben, ohne diesen zulasten der Gesundheit oder anderer Menschen auszuleben. Nach seiner Ansicht ist es wichtig, auf Körper und Geist zu hören und genau das zu tun, was uns gerade im Moment guttut, ohne uns viel Kopfzerbrechen darüber zu machen. Er war einer der ersten Philosophen, der das Leben im Hier und Jetzt verstand. Sich nicht aufzusparen für die erwarteten schönen Dinge in der Zukunft, sondern das Leben mit vollen

Händen auszuschöpfen war Bestandteil seiner Philosophie – dies aber nicht durch übermäßigen Genuss der weltlichen Güter oder Schwelgerei, sondern durch Beschränkung auf die notwendigsten Bedürfnisse. Epikur war der Ansicht, dass, wer sich sehr hoch hinauswagt, auch sehr tief fällt, dass zu große Lust auch immer sehr große Unlust nach sich zieht. Deshalb empfahl er einen Weg des kleinen Glücks.

Glück nach Epikur würde bedeuten, ein Glas besten Wein genüsslich schwelgend im Kreise von Freunden bei einer angenehmen Unterhaltung zu trinken und dabei ein langsam ansteigendes und lang andauerndes Lustniveau zu erreichen, das am nächsten Tag nicht zu einem Kater und negativen Gefühlen führt. Epikurs Lehre des Hedonismus wird oft missverstanden als Völlerei, lustbetont und gedankenlos. Aber er meinte genau das Gegenteil: Was wir haben, sollen wir achtsam und lustbetont genießen. Wir sollen nicht ständig nach mehr und Besserem streben, sondern uns stets die Frage stellen, ob wir dies oder jenes überhaupt brauchen.

Es geht im Grunde genommen um die Bewertung der Dinge, die wir haben. Übersetzt in die Jetztzeit würde das Leitmotiv „Less is more" (weniger ist mehr) eine Bedienungsanleitung nach Epikur darstellen: das Wesentliche zu nehmen, es zu hüten und zu genießen, sich jeden Tag daran zu erfreuen. Das erstrebte Glück bestand für Epikur in einem sinnvollen Lebensentwurf. Seine Botschaft an uns: Glück ist machbar!

Epikurs Botschaft an uns: Glück ist machbar!

Zuletzt noch ein Blick in die Medizin, die das Glück neurobiologisch erklärt, nämlich durch die Ausschüttung des Botenstoffs Serotonin, der das Gefühl der Glücksseligkeit in uns hervorruft. Aber auch hier bleiben Fragen offen. Nehmen wir beispielsweise den Sex, dann müssen wir uns die Frage stellen, sind wir glücklich, dass wir Sex haben, oder werden wir durch den Sex glücklich? Wieder einmal die berühmte Frage „Was war zuerst da, Henne oder Ei?“. Medizinisch gesehen kommt das Glücksgefühl nach dem Sex und nach dem Schokoladeessen, philosophisch betrachtet sind der Sex und das Schokoladeessen selbst bereits das Glücksmoment.

Was könnte nun Glück für Sie sein? Vielleicht legen Sie sich eine wundervoll einfache Grundüberzeugung zu: „Alles was mir guttut, ist Glück!“ Alles, was Sie lieben, was Sie gern tun, was Sie gern essen, wodurch Sie im Geiste bereichert werden, wodurch Sie ein positives und gutes Gefühl bekommen, ist grundsätzlich Glück.

Nehmen Sie sich des Weiteren den Rat der großen alten Philosophen dazu und versuchen Sie, eine gewisse Moral und Tugend mit Ihrem Glücklichsein zu verbinden. Das bedeutet im Alltagskontext der Neuzeit: Glück ist im Umkehrschluss, was anderen nicht schadet. Dies ist also eine weitere Grundvoraussetzung, anderen nicht zu schaden.

Wie unterschiedlich die Glücksdefinitionen verschiedener Altersgruppen sein können, haben wir bereits gesehen. Was macht denn nun unser kleines Alltagsglück aus?

Für die Recherche zu diesem Buch habe ich Kinder und Erwachsene interviewt.
Tim (11 Jahre) definiert sein Glück so: „Wenn ich beim Fußball ein Tor schieße und unsere Mannschaft gewinnt."
Sein Bruder Manuel (14) meint: „Glück ist, wenn ich in der Schule nicht auffalle, obwohl ich die Hausaufgaben nicht habe. Wenn das Mädchen, auf das ich stehe, sich endlich mit mir treffen will." Alexandra (6) sagt: „Glück ist, wenn man etwas geschenkt bekommt, besonders wenn man es sich vorher gewünscht hat."
Katrin (41), eine Krebsärztin und Mutter dreier Kinder, definiert Glück wie folgt: „Wenn ich in meiner eigenen Mitte bin und kranken Menschen helfen kann. Das größte Glück wäre es, Zeit genug zu haben, vielen Menschen helfen zu können. Glück ist, Harmonie und Zufriedenheit zu fühlen. Glück sind meine Kinder. Glück ist, wenn ich im Sommer am Lago Maggiore sein darf und die Ursprünglichkeit der Tessiner Landschaft genießen darf. Glück hat für mich wenig mit materiellen Dingen zu tun. Ich bin glücklich, dass ich arbeiten kann und meine Familie ernähren kann. Mehr Glück bereitet mir aber die Zufriedenheit, die ich aus meiner Arbeit gewinne."
Maria (37), Mutter zweier Kinder, definiert Glück wie folgt: „Glück ist in erster Linie Zufriedenheit für mich. Es findet für mich sehr oft in kleinen Dingen statt: ein Falke am Himmel, der erste Schmetterling. Das Abwesendsein von Angst; mit mir selbst im Reinen zu sein. Genuss, die Momente genießen zu können. Mit meinen Sinnen all die

schönen Dinge wahrnehmen zu können. Partner, Freunde oder auch der Straßenkehrer an der nächsten Ecke. Glück ist, im richtigen Moment am richtigen Ort sein zu können. Glück ist, immer noch einen Traum zu haben. Glück ist, ein Gipfelkreuz zu erreichen, nach langem mühsamen Aufstieg. Glück ist auch, endlich bei eBay die Karten für eine lang und heiß ersehnte Veranstaltung zu ergattern. Glück ist auch eine Hand an meinem Bauch; ein Candle-Light-Dinner am Strand; die Türen und Möglichkeiten zu erkennen und den Mut zu haben, durchzugehen. Glück ist auch eine Sicherung die herausspringt, wenn ich ein Kabel anbohre."

Diese kleinen Definitionen von Glück mögen beispielhaft sein für kleine und große Menschen.

Glück bedeutet für mich als Psychotherapeut, in die zufriedenen und glücklichen Augen der Menschen zu schauen, die ich mit meinen Worten erreiche und deren Verhalten und somit auch das Verhalten ihrer Umwelt ich so ändere, dass sie glücklicher sind. Glück schafft also Glück. Der Therapeut wächst mit den Erfolgen, die seine Patienten haben. Oft bin ich erstaunt, wie schnell Menschen aus schwierigen emotionalen Zuständen heraus wieder glücklich und zufrieden werden können, indem sie mit den Dingen leben lernen, welche sie bewegen, oder die Dinge umdeuten und in einem größeren Zusammenhang sehen. Wenn der Therapeut durch Arbeit am emotionalen Zustand des Patienten wieder Glück induzieren kann, dann bedeutet das für mich im Umkehrschluss, dass Glück nichts anderes ist als emotionaler Ausgleich, emotionales Gleichgewicht der Kräfte, die in uns wirken. Glück ist die vollständige Harmonie unserer Emotionen.

Carpe diem – So nutzen Sie den Augenblick

„Carpe diem – nutze den Tag". Was der römische Dichter Horaz im Jahr 23 vor Christus schrieb, hat in unserer Zeit umso mehr Bedeutung. Horaz wollte uns damit auffordern, die knappe Lebenszeit heute zu nutzen und nicht auf den nächsten Tag zu warten.

Wie oft finden wir in unserem Alltag den Hinweis, jetzt gerade zu leben: „Genießen Sie den Augenblick, er war eben noch Ihre Zukunft." Dieser kleine Glückskeksspruch geriet mir an einem Silvesterabend in die Finger, als ich mein Jackett anzog. Ich konnte mich nicht erinnern, wann ich diesen Zettel in die Jackentasche gesteckt hatte. Ich hielt inne und schaute versunken auf diesen kleinen Zettel. Hatte ich den Augenblick in der letzten Zeit genutzt? Hatte ich die vielen Augenblicke des gerade zu Ende gehenden Jahres sinnvoll und spontan umgesetzt? Oder hatte ich mich in all den Alltagsschwierigkeiten verloren, die Sie und ich sicher haben?

Ich dachte nach und fragte mich, was ich von der Zukunft erwartet hatte. Wie waren meine Träume vor einem Jahr? Ich versuchte eine kleine Zwischenbilanz und stellte verwundert fest, dass ich mehr erreicht hatte, als ich es mir vor einem Jahr zur gleichen Zeit überhaupt vorgestellt hatte. Trotzdem fiel mir auf, dass ich mit dem Erreichten zwischendurch häufig unzufrieden war, weil es mir nicht schnell genug ging oder ich nicht genügend deutliche Erfolgszeichen verspürte. Meine visualisierten Träume hatten also Früchte getragen, es war eine Veränderung eingetreten. Gleichzeitig stellte ich aber auch fest, dass wieder ein Jahr meines Lebens vergangen war und ich mich ziemlich erschöpft fühlte. Hatte ich in diesem Jahr „den Tag genutzt", all die kleinen Annehmlichkeiten des Lebens, Freude, Zweisamkeit, Familie, Essen und Trinken?

Es ist wichtig, neben all den Visualisierungen für die Zukunft und all den Plänen für unser Leben jeden Tag zu genießen und unsere Zukunft heute zu gestalten. Wir können nicht in die Zukunft schauen, und es ist ebenso unmöglich, die Vergangenheit zu verändern. Die Vergangenheit lässt sich nur in anderer Weise deuten – das ist alles. Es bleibt uns also nur übrig, die Gegenwart zu leben. Damit können wir uns zufrieden und glücklich machen und haben eine Möglichkeit, die Zukunft zu beeinflussen. Wenn wir hingegen heute auf unsere Lebensfreude verzichten, uns zurücknehmen, nur auf die „bessere" Zukunft spekulieren, dann wäre das wie eine Spekulation an der Börse. Wichtig ist, dass wir neben unserer Zukunftsträumerei jeden einzelnen Tag bereits als unsere gerade Gegenwart gewordene Zukunft leben und lieben. Der Augenblick

Neben all den Plänen für die Zukunft sollten wir unser Leben jeden Tag genießen.

ist kurz und verfliegt. Wie sinnlos ist es, die wertvolle Lebenszeit mit kleingeistigen oder pedantischen Dingen zu verbringen; rechthaberisch die Welt ordnen zu wollen! Lassen Sie uns den Augenblick genießen, denn kein Tag kommt zurück. Die Kunst, den Augenblick zu erkennen und zu beherrschen, ist die Kunst zu leben.

Wie stellt sich aber unser „augenblickliches" Leben dar? Viele sind auf der Flucht vor dem Augenblick, ruhelos, unzufrieden, genervt von Langeweile oder Stress. Sind wir bei der Arbeit, beklagen wir uns, weil es zu viel ist, haben wir Urlaub, jammern wir gähnend über Langeweile. Mit dem Achtsamkeitsprinzip (siehe Seite 205) fällt es Ihnen zukünftig vielleicht einfacher, den Augenblick zu erkennen und zu nutzen.

Was macht nun das Konzept des Augenblicks aus? Zunächst einmal die Überprüfung, wie viel Gedankenarbeit und damit geistige Energie wir in der Vergangenheit verbringen. Halten Sie einen Moment beim Lesen inne und schließen Sie die Augen. Entspannen Sie sich einfach und nehmen Sie für etwa drei Minuten nur wahr, was in Ihnen ist. Dann nehmen Sie ein Blatt Papier und schreiben in Stichworten die Dinge auf, an welche Sie sich gerade erinnerten. Waren es Dinge aus der Kindheit, Gedanken an Ihre Eltern, einzelne Flashs, also wiedererlebte Situationen aus Ihrem Leben? Oder waren es Gedanken an die Arbeit, die Sie morgen oder übermorgen zu erledigen haben? Gedanken an den Zahnarzttermin diese Woche? Verschiedene geplante Aktivitäten, die die nächsten Tage betreffen?

Oder haben Sie ganz einfach nur ein Gefühl des „Daseins“ gespürt? Ein Gefühl von bewusster Empfindung dessen, was Sie gerade tun wollten, nämlich, sich ganz bewusst zu entspannen, indem Sie einen Sinneskanal, den der Augen, geschlossen haben?

Viele Menschen berichten bei dieser kleinen Übung, dass ihnen spontan Bilder aus ihrer Vergangenheit durch den Kopf gingen oder Gedanken an Dinge, die Tage bis Wochen oder noch länger zurücklagen. Die wenigsten berichteten von einem Gefühl bewusster Entspannung. Es ist jedoch nicht besonders konstruktiv, unsere geistige Hintergrundarbeit ständig der unveränderlichen Vergangenheit zu widmen. Das wäre so, als würden Sie jeden Tag um Ihr Haus herumlaufen und bedauern, dass Sie es an diese Stelle gebaut hätten. Die Erinnerungen aus der Vergangenheit bestehen aus Erlebtem und Erlerntem. Sie haben insgesamt den Nutzen, uns vor neuen gleichen Fehlern und vor größerem Schaden zu bewahren. Wenn wir in der Vergangenheit Schaden nahmen, wird unser Unterbewusstsein uns im richtigen Moment in der Gegenwart eine Warnung geben, falls wir wieder in einer ähnlichen Situation sind. Das ist die einzige konstruktive Kraft, die wir in der Gegenwart nutzen können.

Die Erinnerungen der Vergangenheit bewahren uns davor, die gleichen Fehler immer wieder zu machen.

Es ist aber im Alltag eher hemmend, wenn wir bei der Büroarbeit an unser Grundschulalter denken oder immer wieder unsere erste Freundin im Kopf haben. Eine Erweiterung unserer Fähigkeiten und unseres Wissens lässt sich durch Rückwärtsdenken nicht erzielen. Wir haben nur eine bestimmte Menge und Bandbreite gleichzeitig möglicher geistiger Aktivität. Vergangenheitsbewältigung ist eine rückwärts gerichtete Kraft. Gegenwartsbezogene geistige Arbeit und Zukunftsträume sind vorwärtsgerichtete Kräfte.

Übernehmen Sie ab sofort Ihre „Forward-Control". Waren Sie einmal auf einem Schiff? Das Kielwasser, das mächtigen Schaum und Wellen erzeugt, ist im gleichen Augenblick Vergangenheit. Heben Sie Ihren Blick und schauen Sie dem Kielwasser 50 Meter weiter hinterher, und Sie werden bald nichts mehr sehen, kein Zeugnis einer stattgefundenen Aktion. Stehen Sie am Bug, dann werden Sie ständig die mächtige Bugwelle sehen, die durch die Wasserverdrängung entsteht. Die Bugwelle ist mit der menschlichen Gegenwart vergleichbar. Wir müssen uns ebenfalls mächtig anstrengen, um durch das Fahrwasser des Lebens zu kommen, und viel Energie aufwenden, um nach vorn zu kommen. Wir steuern einen Kurs, genau wie das Schiff. Stellen Sie sich vor, der Kapitän würde sich auf seiner Kommandobrücke ständig umdrehen und nur nach hinten schauen. Das kann nicht gut gehen, denn er wird Hindernisse nicht erkennen, den Kurs aus den Augen verlieren und womöglich mit etwas kollidieren, ganz zu schweigen davon, dass er das geplante Ziel wohl nie erreichen wird. Das Kielwasser und insofern auch unsere eigene Vergangenheit sind Zeugnis stattgefundener Aktionen, Zeugnis unseres Daseins – mehr nicht.

Lassen Sie die Vergangenheit ab sofort in Ihrem Fotoalbum für schöne Familienfeiern, wo man in der Gegenwart ein harmonisches Gefühl erlebt, wenn man gemeinsam in der Vergangenheit schwelgt. Betrachten Sie dies ab sofort als Luxus für bewussten Genuss im Augenblick. Stellen Sie das Fotoalbum und damit auch die vielen Gedanken an das Gewesene einfach ins Regal. Dann werden Sie bald schon mit 100 Prozent nach vorn schauen, Kraft und Energie für Ihren Tag haben und Ihre Ziele erreichen. Agieren Sie wie der Kapitän zielgerichtet, halten Sie ab sofort Ihren Kurs, bleiben Sie im Fahrwasser und versuchen Sie auch die Fahrwasserbegrenzungen einzuhalten. Halten Sie Ihr „Schiff“ seetüchtig, tanken Sie guten Kraftstoff, laufen Sie keinen Kollisionskurs und steuern Sie bei Sturm einen sicheren Hafen an. Vermeiden Sie gefährliche Gewässer, Piraten und machen Sie wenn nötig kleine Kurskorrekturen. Entscheiden Sie bewusst, ob Sie mit dem Wind oder gegen den Strom steuern, und behalten Sie immer Ihr Ziel im Auge. Hat ein Schiff kein Ziel, kann es auch keinen Kurs steuern. Ohne Ziel wird damit auch die Gegenwart unbestimmt.

Heben Sie die Vergangenheit in Ihrem Fotoalbum für genussvolle Familienfeiern auf.

Apropos Gegenwart: Sie sind gerade ganz in dieses Buch vertieft, nutzen damit den Augenblick und gestalten damit jetzt gerade schon einen Teil Ihrer Zukunft. Ein Buch wird natürlich in keiner Weise Ihre Vergangenheit ändern, vielleicht aber die Deutung Ihrer Vergangenheit. Vielleicht werden Sie sagen, dass es vieles in Ihrer Vergangenheit gab, was Sie heute noch bewegt und unbearbeitet ist. Das stimmt. Deshalb nehmen Sie sich hin und wieder eine Stunde Zeit, setzen sich ganz allein irgendwo hin und denken über genau die Ereignisse Ihrer Vergangenheit nach, die Sie so sehr bewegen. Dann haben Sie diese Bewältigungsstunde bewusst genutzt, um das Alte aufzuarbeiten und loszulassen. Sagen Sie sich selbst immer wieder, es ist vorbei und lässt sich nicht mehr ändern. Irgendwann können Sie dann die bewusste Aufarbeitung ungeklärter Vergangenheit beenden und sich wieder der Gegenwart zuwenden. Hängen Sie im Alltag nicht den Dingen nach, die Sie sowieso nicht mehr ändern können. Nutzen Sie die positiven Erlebnisse aus der Vergangenheit als kraftgebende Instanzen für Ihr Selbstbewusstsein.

Nutzen Sie die positiven Erlebnisse aus der Vergangenheit als kraftgebende Instanzen für Ihr Selbstbewusstsein.

Sicher müssen wir planen, aber wir sollten nicht vergessen, dass sich Planungen auch ändern können und es das Allerwichtigste ist, im Hier und Jetzt zu leben. Es gibt keinen Weg – der Weg entsteht beim Gehen!

Betrachten Sie Ihr Leben wie eine Perlenschnur voller Augenblicke. Der letzte Augenblick war gerade und wird jetzt schon Vergangenheit. Der nächste Augenblick nach dem jetzigen ist immer noch Ihre Zukunft, wird gleich Gegenwart und ganz schnell Vergangenheit. Jeder dieser Augenblicke wird eine bunte Perle auf Ihrer Schnur. Sorgen Sie dafür, dass alle Perlen gleich groß und gleich schön sind. Zukunft entwickeln wir jeden Tag aufs Neue, und die Gegenwart gibt uns jeden Tag neue Kurskorrekturen oder Kurswechsel vor. Plötzliche und unerwartete Krankheit oder Einschränkung oder der plötzliche Lotteriegewinn ändern unsere Zukunft ganz spontan. Wir müssen agieren und reagieren, immer bereit sein, aus dem Alltag etwas Gutes zu machen.

Zukunft entwickeln wir jeden Tag aufs Neue.

Sagen Sie sich jeden Morgen einige Affirmationen, die Ihnen dabei helfen, den Tag bewusst zu genießen:

- Ich nehme alles um mich herum wahr und nehme mein Leben an.
- Die Zeit zum Leben ist heute. Ich werde heute ganz bewusst erleben.
- „Heute" werde ich aktiv nutzen, um mir Freude und Wohlbefinden zu verschaffen.

Entwickeln Sie ab sofort eine starke vorwärtsgerichtete Antriebskraft und bedenken Sie: Das, was gestern noch unsere Zukunft war, ist gerade Realität. Schließen Sie die Augen einen Moment, denken Sie an all die guten Dinge des heutigen Tages, fühlen Sie in sich hinein und genießen Sie den Augenblick.

Finden Sie einen Sinn

Um auf Dauer ein erfülltes und glückliches Leben zu führen, ist es wichtig für uns, einen Sinn in unserem Leben zu finden. Oft kommt die Frage nach dem Sinn des Lebens dann, wenn die wirtschaftlichen Hürden des Lebens genommen und die Kinder aus dem Haus sind. Wir fragen uns dann so manches Mal: Was kommt jetzt noch? Was habe ich noch zu erwarten? Wo finde ich jetzt einen Lebenssinn?

Diese Fragen sind nicht pauschal zu beantworten; jeder muss sich selbst auf die Suche nach dem Sinn des Lebens begeben. Ein Ziel kann es sein, die Welt etwas besser zu machen, als wir sie bei unserer Geburt vorgefunden haben. Mutter Teresa wusste wahrscheinlich um ihren Lebenssinn. Sie stellte jede Minute ihres Lebens in den Dienst am Menschen. Viele Menschen in sozialen Berufen sind sehr erfüllt von ihrem alltäglichen Tun und haben nicht das Bedürfnis nach weiterer Sinndefinition. Viele andere stellen sich aber oft in der Lebensmitte die Frage, warum sie da sind, was ihr Leben ausmacht, was der Sinn ihres Daseins ist.

Der deutsch-amerikanische Psychologe Erik Erikson sah einen Teil des Lebenssinns in der sogenannten Generativität, die für die Generation der 30- bis 50-Jährigen zutrifft. Unter Generativität sah er verschiedene Möglichkeiten, Liebe und Kultur in die Zukunft zu tragen und somit nachfolgenden Generationen das Leben zu ermöglichen. Erikson fand heraus, dass nicht nur die sogenannte biologische Generativität Menschen einen Sinn gibt. Er verstand unter biologischer Generativität das Großziehen eigener Kinder

Generativität bedeutet die Möglichkeit, Liebe und Kultur in die Zukunft zu tragen und somit nachfolgenden Generationen das Leben zu ermöglichen.

oder das Wirken als Großeltern. Auch das Unterrichten, die Kunst und die Wissenschaft sah er als generatives Instrument an. Damit lässt sich ebenfalls für die nachfolgende Generation sorgen. Menschen in generativen Berufen, wie Lehrer, Meister in Werkstätten, Sozialarbeiter, waren nach Eriksons Erkenntnis viel zufriedener und stellten sich viel seltener die Frage nach dem Sinn ihres Lebens.

Der Wunsch nach Reproduktion ist nicht nur vom Trieb und Instinkt beeinflusst, sondern auch von unserem Wunsch, eigene Wertvorstellungen weiterzugeben. Wir geben also an nachfolgende Generationen nicht nur die Hälfte der Gene weiter, sondern auch sehr viele Werte, Traditionen, kulturelle Überlieferungen, Fähigkeiten und Fertigkeiten. Etwas bleibt von uns, wenn wir nicht mehr leben. Das gibt uns Sinn. Auch eine Patenschaft oder eine Adoption bedeutet prinzipiell, elterlich generativ zu sein, und ist mit der gleichen Sinnerfüllung verbunden wie leibliche Kinder zu haben. Lehrer und Erzieher leben ebenfalls in gewisser Weise elterlich generativ, weil sie zu bestimmten Zeiten eine elternähnliche Rolle übernehmen.

John Kotre, Psychologieprofessor an der University of Michigan, forschte wie Erikson zum Thema Generativität. Er fand andere Arten von sogenannter technischer Generativität, die ebenfalls ähnliche Befriedigung in Sinnfragen brachten wie die elterliche Generativität. Unter technischer Generativität verstand er, die nach-

Technische Generativität bedeutet, die nachfolgende Generation dazu anzuleiten, gut durchs Leben zu kommen.

folgende Generation dazu anzuleiten, gut durch das Leben zu kommen. Das kann prinzipiell alles bedeuten, wie z. B. Fahrlehrer zu sein, im Jugendlager den Kindern beizubringen, wie man ein Zelt aufbaut oder ein Feuer anzündet. Kotre sieht vielfältige Möglichkeiten, erzieherisch zu wirken und dadurch einen Lebenssinn zu finden.

Natürlich liegt nicht für jeden Menschen der Lebenssinn darin, in irgendeiner Form generativ zu sein. Jeder Mensch hat seine eigene Daseinsberechtigung. Versuchen Sie doch einmal die kleine nachfolgende Übung zu machen, die Sie vielleicht Ihrem persönlichen Lebenssinn etwas bringen mag: Nehmen Sie ein Blatt Papier und schreiben Sie einfach zunächst einmal in verschiedenen Sätzen auf, was der Sinn Ihres Lebens sein könnte.

Nehmen Sie dann ein weiteres Blatt Papier und notieren Sie sich all die ganz besonders schönen und glücklichen Momente und Ereignisse Ihres Lebens, in welchen Sie sich sinnerfüllt gefühlt haben. Dann notieren Sie all die guten Eigenschaften, die Sie in sich verspüren. Das nächste Blatt Papier dient dazu, all Ihre Fähigkeiten aufzuschreiben, die im Sinne von Erikson oder Kotre der nachfolgenden Generation dienen können oder womit sie für die jüngere Generation sorgen könnten. Nehmen Sie ein weiteres Blatt und schreiben Sie Ihre Traumrollen auf: Was wären Sie gern oder wären Sie gern geworden, etwa Papst, Schauspieler, Arzt, Künstler oder Lehrer.

Werten Sie Ihre Notizen nun folgendermaßen aus: Bewerten Sie auf jedem Blatt die drei Eigenschaften oder Werte, die Ihnen am allerbesten gefallen und geben Sie ihnen fortlaufende Noten. Beispiel: Bei der Frage danach, was Sie gern geworden wären, haben Sie vielleicht „Papst, Lehrer, Arzt" geschrieben. Geben Sie nun dem am ehesten zutreffenden Beruf eine 1. Nehmen Sie nun von allen Blättern die jeweilige Eigenschaft mit der Note 1 und schreiben Sie sie nebeneinander auf ein neues Blatt.

Sie werden sehen, dass die Summe der Eigenschaften von den fünf Blättern sich in der Evaluation einem einzigen Wirkungskreis zuordnen lässt. Sie werden vielleicht bemerken, dass Sie gern anderen etwas beibringen oder sich gern um Kinder kümmern würden oder andere zum Lachen bringen wollen. Hier werden Sie ganz schnell Inspiration für Ihre weitere Sinnsuche oder sogar Sinnfindung erhalten. Probieren Sie es aus!

Auf die großen Fragen des Lebens „Wo komme ich her, wo gehe ich hin?" können wahrscheinlich eher Glaube und Religion eine befriedigende Antwort geben, prinzipiell aber liegt der Sinn des Lebens neben unserer biologischen Aufgabe darin begründet, so glücklich zu sein wie möglich in der Zeit, die uns gegeben ist.

Sich Ziele zu setzen, bringt Sie von der schwierigen Sinnfrage etwas weg hin ins Gegenwartsleben, ins Hier und Jetzt. Ziele können Sie sich jederzeit setzen, Sie werden nie zu alt dafür sein. Kürzlich hatte ich eine 78-jährige Patientin, die mir auf meine Frage „Haben Sie Ziele?" antwortete: „Ja, ich lerne gerade japanisch, weil ich nächstes Jahr eine große Japanreise machen möchte." Sie sehen, auch einige

Wochen, die das kommende Jahr betreffen, können bereits ein sinngebendes Ziel sein.

Genießen Sie Ihr Leben, seien Sie glücklich und tun Sie Gutes für andere. Suchen und leben Sie Ihren persönlichen Traum, dann hat Ihr Leben einen Sinn.

Genießen Sie Ihr Leben, seien Sie glücklich und tun Sie Gutes für andere.

Ein kleiner Junge ging gebückt am Strand entlang, hob gestrandete Seesterne auf und warf sie ins Wasser. Ein alter Herr kam und fragte: „Junge, was tust du da?“ Der Junge antwortete: „Ich rette die Seesterne vor dem Vertrocknen in der Sonne und werfe sie zurück ins Wasser.“ Der Mann antwortete: „Aber Junge, das sind Tausende, das hat doch keinen Sinn!“ Der Junge schaute den Mann an, dann den Seestern, den er in der Hand hielt. Er warf den Seestern ins Meer und sagte zu dem Mann: „Für diesen hier hat es einen Sinn.“

Glück hat einen Bezugsrahmen

Oft haben wir die Angewohnheit, uns in den vermeintlich negativen Dingen unseres Lebens zu bewegen, problemorientiert in Selbstmitleid zu zerfließen und keine Möglichkeit zu sehen, aus dem Hamsterrad der Probleme auszubrechen. Als Psychotherapeut begegne ich vielen Menschen, die stets problemorientiert über ihren Alltag berichten, ihre Arbeit nur als nervend empfinden, sich fremdgesteuert fühlen und daraus Minderwertigkeitsgefühle gegenüber sich selbst empfinden. Bitte ich diese Menschen dann, auf ein Blatt Papier alles aufzuschreiben, was ihnen zu ihrer Arbeit einfällt, dann lese ich oft Worte wie „Stress, frühes Aufstehen, Stau, grantiger Vorgesetzter, unleidliche Kollegen, Mobbing".

Das ist der Bezugsrahmen, den die meisten Menschen aufzeichnen, wenn sie von ihrer Arbeit berichten. Wenn ich sie dann frage, wie sie zu dieser Arbeit stehen, dann würden die meisten dieser Menschen den Job lieber heute als morgen schmeißen. Ich verändere dann selbst den Bezugsrahmen, indem ich einen weiteren Rahmen drumherum zeichne. In diesen Rahmen schreibe ich dann Worte wie „Wohnung, Auto, Lebensqualität, existenzielle Bedürfnisse, Kleidung, Reisen …". Frage ich den Einzelnen dann nach seiner Sichtweise auf seine Arbeit, ist er meist schon etwas milder gestimmt, denn es stimme ja, dass er seinen Lebensunterhalt mit eben dieser Arbeit bestreite. Freudenstürme löst diese Darstellung natürlich nicht aus.

Ich zeichne dann einen größeren Rahmen um die beiden Rahmen und gebe Worte wie „Familie, Kinder, Schulausbildung, Harmonie, Gesundheit und Wohlergehen, Selbstverwirklichung, Lebensziele, Träume, Alterssicherung …" vor. Die neuerliche Frage an den Patienten, was er innerhalb dieses Bezugsrahmens von seiner Arbeit hält, führt oft zu nachdenklichen Gesichtern. Die Menschen erleben dann oft so etwas wie einen inneren Dialog, der zu einem Umdenken führt. Vielfach habe ich erlebt, dass allein eine Änderung der Sichtweise zu mehr Zufriedenheit und

Glücksempfinden führt. Es sind die Motivatoren, die uns jeden Tag aus dem Bett aufstehen lassen und uns dazu bringen, dass wir all die negativ eingestellten Kollegen und den Stau auf der Autobahn hinnehmen, um unser Tagwerk zu verrichten. Eben jene Motivatoren, die Glück für uns bedeuten, wie z. B. Familie, Gesundheit, Selbstverwirklichung, Lebenssicherung usw. Diese Motivatoren, diese positiven Verstärker müssen wir uns öfter vor Augen führen, um zu erkennen, dass wir auch in all dem Alltagstrott doch ein Glücksgefühl empfinden können.

Und wenn dieses Glücksgefühl sich bei Ihnen nicht einstellen will? Angesichts eines härteren Wettbewerbes in den Unternehmen und Märkten und geringerer Benefits, die der einzelne Beschäftigte an seinem Arbeitsplatz erhält, verwundert es nicht, dass nach einer aktuellen Studie eines deutschen Meinungsforschungsinstituts nur noch jeder Dritte mit seinem Job zufrieden ist (gegenüber 46 Prozent zufriedenen Beschäftigten im Jahr 2003). Aber auch unter den erschwerten Bedingungen ist es wichtig, einen weiteren Bezugsrahmen anzulegen, damit wir unsere Zufriedenheit wieder zurückgewinnen können. Unzufriedenheit über die Arbeit führt zu innerlicher Kündigung und die letztlich zu einer Aufgabe des Jobs. Aus einer kritischen Situation wie einem Arbeitsplatzverlust lässt sich aber nur schwer ein positiver und erfolgreicher Start zum Neuanfang entwickeln. Besser geht eine Veränderung aus positiven Gefühlen heraus.

Ein Neuanfang lässt sich eher aus positiven Gefühlen heraus entwickeln.

Wenn Sie nun Ihren Traumjob gefunden haben, vielleicht Ihren Traumpartner ebenfalls, und sich zufrieden fühlen, dann schauen Sie öfter auf das, was Sie haben. Machen Sie eine kleine Analyse des Bezugsrahmens und freuen Sie sich an einem Zustand, in dem Sie aufgehen, Harmonie und Glück empfinden. Wenn Sie für sich entscheiden, dass Ihnen das Glück genug ist, dann müssen Sie nicht nach noch größerem Glück streben. Wichtig beim Glück ist nicht, immer weiter und höher hinauszukommen, sondern das Glück zu sehen, wenn es in Ihrem Leben ist. Schauen Sie also bei all Ihrem Tun und Handeln immer auf den Bezugsrahmen. Was ermöglicht Ihnen Ihr jetziges Leben? Welche weitergehenden, auf den ersten Blick nicht sichtbaren Vorteile haben Sie von Ihrem Lebenskontext? Legen Sie einen Bezugsrahmen an und entscheiden Sie dann, ob Ihnen das Glücksgefühl reicht, um zu verharren, oder ob es zu wenig ist und Sie in eine weitere Dimension aufbrechen müssen. Sie selbst entscheiden, nachdem Sie Ihren Bezugsrahmen aktualisiert haben.

Machen Sie sich aus dem Anlegen des Bezugsrahmens eine feste Vorgehensweise für alle Situationen Ihres Lebens. So sehen Sie oft Aspekte, die Sie bei Ihrem Nachdenken, was oft aus einer unliebsamen Situation heraus erfolgt, nicht sehen können.

Weniger bedeutet oft mehr Glück

Downshifting ist nicht nur in der Welt der Wirtschaft ein Thema, sondern auch in unserem Alltag. Beginnen Sie damit, Ihre vollständige Zielkraft, Ruhe und Harmonie zu entdecken, indem Sie einige der Dinge in Ihrem Umfeld reduzieren. Sie werden dann eine echte Work-Life-Balance gewinnen. Eine Art freiwilliger Vereinfachung führt nach dem Prinzip des Downshifting zu mehr Lebensfreude und einem stressfreieren Leben.

Die antiken Philosophen rieten uns nicht wirklich zum Hungerleiden und zum asketischen Leben. Sie waren jedoch in der Tat die Vorreiter eines „Weniger-ist-mehr-Gedanken". „Weniger" meint damit auch weniger Stress, weniger Verantwortung, weniger Arbeit. Konsumverzicht scheint gerade heute angesichts der Wirtschaftskrise gleichzeitig das richtige und auch das unpassendste Instrument zu sein. Aber für den Einzelnen kann Konsumverzicht durchaus auch mit einer Erhöhung der Qualitätsansprüche an das Leben einhergehen.

Nehmen Sie unser heiligstes Kulturgut, das Auto. Der erste Schmerz beginnt mit der Zahlung des lange ersparten Kaufpreises oder dem Eingehen der jahrelangen Ratenverpflichtung. Der zweite Schmerz beginnt mit der ersten Beule, dem ersten Kratzer. Stress beginnt mit allfälligen

Inspektionen und Reparaturen, hohen Kraftstoffkosten. Das Entzücken über das neue Auto ist schon lange verflogen, und es müssen immer noch Raten bezahlt werden. „Weniger ist mehr“ würde hier als Strategie für Sie bedeuten, einen Mittelweg zwischen Bedürfnisbefriedigung und Verpflichtung einzugehen. Den Wagen zu einem vernünftigen Preis nehmen und allen Modellwechseln beharrlich trotzen, bis das Auto wirklich seinen Nutzen verliert.

Oder Wohnen: Da strengen wir uns das halbe Leben an, um uns ein Haus im Grünen zu kaufen. Wir benötigen nicht nur zwei Autos, um von dort kilometerweit zur Arbeit zu kommen, nein, auch zwei Garagen, etwa 3.000 bis 4.000 Euro an jährlichen Heizkosten … Alles, was wir zu brauchen glauben, ist mit ganz vielen Stressoren für uns verbunden: Das neueste Elektronikspielzeug, Handys, Kameras, Laptops usw. müssen wir uns durch anderweitige Einschränkung erkaufen.

Oft drängen uns diese Bedürfnisse so sehr, dass wir nachts nicht mehr schlafen können. Unser Lebensstandard und leider oft auch unsere Gier verlangen von uns, Nebenjobs einzugehen. Wir sind am Ende unserer Kräfte und retten uns mit Müh und Not in den obligatorischen Karibikurlaub. Unser Haus im Grünen verlangt die allfällige Gartenpflege nach der Arbeit. Unsere heranwachsenden Kinder sind wenig begeistert von der Frage nach Mithilfe. Sie erwarten eher, dass Taxi-Mama sie täglich bis zu zwei Stunden durch den Nachmittags- und Abendverkehr bringt. Überlebte Beziehungen zu sporadischen Freunden, deren Geburtstage wir im Kalender viel zu oft übersehen, lassen uns genervt sein, wenn wir die Beziehung pflegen müssen. Wir stehen abends und morgens halb angezogen im Regen, damit das Haustier namens Hund noch zu seinem Recht kommt, bevor wir ins Büro fahren oder ins Bett gehen. Der Verein, in dem wir Mitglied sind, fordert seinen Tribut in aktiver Mitarbeit. Die nächtliche Weiterbildung, das Fernstudium raubt uns den letzten Nerv. Wir brüllen, flippen aus und haben zum Glück die teure Zusatzversicherung, falls uns wirklich mal etwas passiert.

Vielleicht erkennen Sie sich in den obigen Zeilen ein wenig wieder? Wie könnte es besser gehen? Haben Sie einmal darüber nachgedacht, ob es für Sie wirklich so wichtig ist, all die Gegenstände und Besitztümer zu haben, die Sie um sich sehen? Wie wäre es, wenn Sie mehr Zeit für Ihre Familie hätten? Wenn Ihr Partner nicht mehr als Taxichauffeur fungieren müsste, weil Sie in der Stadt wohnen und Ihre Kinder zu Fuß oder mit dem Bus überall hinkämen? Wie wäre es, wenn Sie in einer schicken Eigentumswohnung oder in einem kleinen Reihenhaus die Hälfte der Energiekosten einsparen würden?

Haben Sie einmal darüber nachgedacht, ob es wirklich so wichtig ist, all die Gegenstände und Besitztümer zu haben, die Sie um sich sehen?

Wer zwingt Sie dazu, irgendwelche mp3s auf CDs zu brennen, Ihre Zeit in Elektronikkaufhäusern zu verbringen? Warum braucht Ihre Digicam 20 Megapixel? Sehen Sie noch einen Unterschied auf diesen Bildern? Wie wäre es, wenn Sie Ihre Kamera behielten, die schon seit zehn Jahren tolle Bilder macht, und Ihr Handy noch ein Jahr weiterbenutzen würden? Vielleicht könnten Sie dann auf Überstunden, den Arbeitsplatz des Ehepartners oder den Nebenjob verzichten. Würden Sie in der Stadt das wundervolle große Auto brauchen oder könnte es auch mit einem Kleinwagen gehen? Wie viel kleiner wäre der Kredit?

Das Zauberwort heißt Downshifting: Orientieren Sie sich wieder an den Werten, die wirklich Werte für Sie sind, wie vielleicht Familie, Traumberuf, Erfüllung oder Frieden. Denken Sie über das nach, was für Sie persönlich am wichtigsten ist. Träumen und leben Sie Ihren Lebenstraum. Tun Sie fortan nichts mehr aus Anpassung oder um dem Mainstream zu folgen. Gehen Sie dorthin in Urlaub, wo es Ihnen gefällt. Prüfen Sie genau, wie viel Genuss und Freude jede Handlung in Ihrem Leben macht, oder ob diese eventuell sogar eher Schmerz und Stress bereitet. Lassen Sie von der Vorstellung los, auf all die Gegenstände angewiesen zu sein, die Ihnen die Werbung anbietet. Loslassen gibt innere Freiheit.

Loslassen gibt innere Freiheit.

Beginnen Sie ab sofort damit, sich auf das Wesentliche zu konzentrieren. Vergessen Sie Wettbewerbsdenken im privaten Umfeld. Das Haus oder das Auto des Nachbarn dürfen wirklich schöner und größer sein als Ihr eigenes. Wohlgemerkt, finden Sie den feinen Unterschied heraus zwischen Vereinfachung und Askese. Asketisch zu leben ist nicht das Ziel, das Ihnen dieses Buch vermitteln möchte.

Sie sollen glücklich leben. Traumberuf, Traumkarriere und Vereinfachung schließen sich nicht aus. Prüfen Sie, ob Sie sich mit jeder möglichen, aber nicht notwendigen Tagung oder Geschäftsreise, mit jedem Meeting nicht selbst in ein Hamsterrad bringen. Sind die ständigen Überstunden der Preis für den Traumberuf oder am Ende gar nicht notwendig? Schaffen Sie Ihre Projekte nicht auch mit einem maßvolleren Umgang mit Ihren Ressourcen?

Fahren Sie einmal für ein paar Tage zum Urlaub in eine Berghütte oder an einen einsamen Strand. Genießen Sie die Ruhe und Spaziergänge, essen und trinken Sie gut, setzen Sie sich in die Sonne, schließen Sie die Augen und fragen sich ganz konkret: „Was fehlt mir gerade?"

Downshifting ist „Erste Hilfe" für Ausgebrannte und Menschen, die krank geworden sind. Wie z. B. für die 32-jährige Frau, die mich voller Selbstzweifel zu einem Coaching aufsuchte. Ihr Job als Managerin in einer Fluggesellschaft fraß sie auf: Superjob, dickes Gehalt, keine Zeit. Sie arbeitete bis zu 14 Stunden täglich, Familie war dabei nicht drin. Eine unglückliche Affäre mit einem Kollegen zog sie noch weiter herunter. „Ich sehne mich nach einem ruhigen Leben auf dem Land, mit einem kleinen Bauernhaus und einem kreativen Job", erzählte sie bei unserem ersten Treffen nahezu verzweifelt. Ich riet ihr zu Veränderung oder Ausstieg aus ihrem Beruf. „Ich kann nicht, man wird mich im nächsten Jahr in den Vorstand des Unternehmens berufen", sagte sie, „eine solche Chance gibt es nur einmal im Leben." Ich fragte sie, ob es denn wirklich ihre per-

sönliche Chance wäre, sich noch tiefer in eine ungeliebte Arbeit zu stürzen für Ruhm und mehr Geld.
Meine Klientin schaffte den Ausstieg damals nicht. Im folgenden Sommer rief sie mich an und kam erneut in meine Praxis. „Der Ausstieg ist jetzt leicht geworden, ich habe Krebs." Der erste Schock war schnell der Hoffnung gewichen, denn der Krebs war heilbar. Sie wurde operiert und ging nie wieder an ihren alten Arbeitsplatz: Nach sechsmonatiger krankheitsbedingter Abwesenheit kündigte sie ihren Job. Von dem vielen Geld, das sie mangels Zeit nie ausgegeben hatte, kaufte sie sich ein kleines Bauernhaus auf dem Land und begann eine Heilpraktikerausbildung. „Jetzt bin ich glücklich, obwohl ich so krank war." Ich höre heute noch diese Worte. Meine Klientin hat ihren Traum von der Heilpraktikerkarriere wahrgemacht, denn hartes Arbeiten und Lernen war sie gewohnt.
Dieses Beispiel vermag uns zu zeigen, wie sehr wir in Strukturen dieser Art verwurzelt und gefangen sind. Wir müssen immer wieder prüfen, ob wir einen Traumberuf oder einen Albtraumberuf haben. Prüfen Sie: Rechtfertigt der Traum von den Malediven und vom schicken Cabrio den Albtraum Ihres jetzigen Jobs? Oder tauschen Sie Albtraumjob, Malediven und Cabrio gegen Traumjob, Camping, Kombi?

Wir müssen immer wieder prüfen, ob wir einen Traumberuf oder einen Albtraumberuf haben.

Sehen Sie manchmal auch einfach kein Land mehr, weil Ihnen alles über die Ohren wächst? Sie sich vom Gedanken, „es allen recht machen zu müssen“ nicht mehr freimachen können? Fühlen Sie sich von den Anforderungen Dritter getrieben, gehetzt? Dann ist der Zeitpunkt für das ganz persönliche Reset gekommen. Vielleicht brauchen Sie jetzt eine kleine Auszeit von einigen Tagen. Gehen Sie in sich, fahren Sie weg. Nehmen Sie sich Raum und Zeit, um mit sich allein zu sein, zur Ruhe zu kommen und auszuspannen. Wie wäre es einmal mit einem Aufenthalt in einem ruhigen und abgelegenen Berggasthof, einem Kloster oder Ähnlichem? Raum, um allein zu sein und sich aus Ihrer gewohnten Umgebung etwas loszulösen, finden Sie überall, notfalls mit Wohnmobil oder Zelt.

Wenn Sie weniger der Mensch sind, der Ruhe und Ausgeglichenheit im Nichtstun empfinden kann, dann bietet sich eine Wanderung oder eine Radtour an. Probieren Sie es aus, Sie werden Abstand und einen Ausgleich finden. Selbst wenn Sie am Ende der drei Tage nicht sicher sind, ob Sie Veränderungen in Ihr Leben einziehen lassen müssen, so sind Sie doch herrlich entspannt. Versuchen Sie es einmal mit Nichtstun und mit Nichtdenken. Nichtdenken ist schwerer als Sie glauben, ja schwerer als denken. Ständig fressen sich Gedanken in uns fest, kreisen um stets das eine uns belastende Thema, rauben uns Ruhe und Schlaf. Diese Gedanken sind negative Antriebskräfte. Kräfte, die uns unsere zielgerichtete Energie rauben und dazu führen, dass wir nicht mehr leistungsfähig sind.

Versuchen Sie es einmal mit Nichtstun und mit Nichtdenken.

Ordnung macht das Leben oft schwer

Oft machen wir uns das Leben schwer, weil wir wie besessen das Chaos unserer Existenz ordnen oder beherrschen möchten. Unvorhersehbare oder unvorhergesehen eintretende Dinge machen uns schier wahnsinnig. Alles, was aus den Fugen gerät, aus der Spur gerät, in unserer Begrifflichkeit danebengeht, bringt uns zum sofortigen Handeln. Wir haben den ganzen Tag damit zu tun, das Leben in „ordentliche Bahnen" zu lenken. Wir überlegen: Wie kann man es am besten tun, wann soll das Essen fertig sein, wie plane ich eine Reise, einen Hausbau, meine Arbeit, mein Leben …?

Alles, was nicht in der gesellschaftlich anerkannten Form geordnet ist, bezeichnen wir als Chaos. Ursprünglich bedeutet „Chaos" im Griechischen einen Zustand vollständiger Unordnung – im Gegensatz zu „Kosmos", dem griechischen Wort für Ordnung: Am Anfang war nur der Weltraum vorhanden, gähnende strukturlose Leere ohne jede Ordnung, in die es Ordnung zu bringen galt. Einstein sah keine Existenz ohne Ordnung und keinen Anfang ohne Chaos.

Ursprünglich bedeutet „Chaos" im Griechischen einen Zustand vollständiger Unordnung – im Gegensatz zu „Kosmos", der Ordnung.

Ist alles Chaos, was wir im Leben erleben? Ist jede Unplanmäßigkeit Chaos und sofort veränderungsbedürftig? Ist unser Leben wirklich in jedem Fall so ordnungsbedürftig oder bereitet uns diese selbst gewählte Ordnung nur Stress, führt uns in unzufriedene Zustände oder gar ein Burn-out-Syndrom? Unzählige Ratgeber bieten Tipps zum „Aufräumen“ und „Vereinfachen“ des Lebens, die im Grunde genommen nichts anderes sind als „Strategien des Ordnens“. Alles zielt in unserem Leben darauf hin, Chaos zu beseitigen: In unseren Gärten darf nichts unplanmäßig wachsen, kein Unkraut, kein ungebetener Halm darf entstehen. Stets sind wir bemüht, Ordnung zu schaffen oder die Ordnung wieder herzustellen.

Wer kennt nicht diese wundervollen Vorgärten, in dem jedes Kieselsteinchen seinen Platz hat und jeder Gartenzwerg in die richtige Richtung schaut? Der Samstag ist ein Chaosbeseitigungstag und schafft prompt neues Chaos: Der laute Rasenmäher, die Samstagsbaustelle, die Reinigungsaktionen am und im Haus beseitigen des einen Chaos und verschaffen vielleicht dem Nachbarn Chaos, weil sein Programm gerade „Ruhe haben“ lautete.

Der Rasen wird geschoren, jeder Maulwurfshügel beseitigt. Ein mitten auf der Wiese befindlicher Ameisenhügel wird eliminiert, weil er nicht in unsere Vorstellung von Ordnung passt. Für die Ameisen war die Ordnung okay. Wir schaffen unsere Ordnung und für die Ameisen eben Chaos. Die Ameisen beginnen dann sofort wieder damit, ihre Ordnung wiederherzustellen und schaffen uns damit neues

Die Natur hat ihre eigenen Vorstellungen von Chaos und von Anordnungen.

Chaos. An jenem kleinen Beispiel sehen wir bereits, dass Ordnung und Chaos nicht für alle gleich gelten. Die Natur hat ihre eigenen Vorstellungen von Chaos und von Anordnungen.

Einstein hatte sicherlich Recht mit seiner Vermutung, dass es ohne Chaos keinen Anfang gebe. Alles beginnt mit Chaos. Ein Fluss tritt über die Ufer, überschwemmt die Auenlandschaften und hinterlässt eine fruchtbare Natur. Ein Baby verlässt in einer chaotischen Aktion den Mutterleib und beginnt ein vielleicht wundervolles Erdendasein. Aus Chaos entsteht oft Neues. Ganz oft sehen wir aber nicht, dass ein von uns wahrgenommenes Chaos nur eine Ordnung eines anderen Systems ist. Der chaotische Straßenverkehr in Lagos in Nigeria würde jeden Europäer nach drei Minuten einem Herzinfarkt nahebringen. Für die Nigerianer ist dieser Zustand ganz normal, völliger Alltag. Ein nigerianischer Autofahrer würde wahrscheinlich im innerstädtischen Verkehr von Berlin verzweifeln und diese Situation mit all den roten Ampeln und der abverlangten Disziplin als chaotisch empfinden. Als chaotisch empfinden wir nur das, was mit unseren eigenen Ordnungsprinzipien nicht übereinstimmt. Wenn wir das verstehen, haben wir zum ersten Mal eine Sprache gelernt, die Systeme verbindet. Ordnung können wir nur da schaffen, wo sie keine andere Ordnung in Unordnung bringt.

Als chaotisch empfinden wir nur das, was mit unseren eigenen Ordnungsprinzipien nicht übereinstimmt.

Vielfach verstehen wir die Ordnungen nicht. Wo wir sie nicht verstehen, verursachen sie uns Angst oder Unruhe. Es kommt zu Anpassungsstörungen. Das Chaos nimmt uns die berechenbaren Bezugsgrößen und berechenbaren Verhaltens- und Interaktionsmuster. Es macht uns „durcheinander" und somit ungeordnet. Wenn wir durcheinander sind, fühlen wir uns nicht gut. Es macht uns nervös, wenn wir nicht alles in eine gewisse Struktur bringen. Die Strukturen müssen für uns klar erkennbar sein und Berechenbarkeit, Zuverlässigkeit und damit eine vermeintliche Sicherheit geben.

Wir versuchen allem eine uns passende Ordnung zu geben.

Das ist in gewissem Maß voraussetzbar für ein Leben, wie wir Menschen es heute führen. Jeden Tag zur gleichen Zeit aufzustehen und am Arbeitsplatz zu erscheinen, gibt nicht nur uns als Individuum eine berechenbare Bezugsgröße, sondern auch dem Kunden oder Klienten, der morgens in Ihrem Unternehmen erscheint und eine gewisse Ware oder Dienstleistung erwirbt, im Vertrauen darauf, dass Ihr Unternehmen auch morgens früh geöffnet ist.

Gegen diese Art von Struktur und Ordnung ist nichts einzuwenden. Ohne ein gewisses Maß an zuverlässigen Größen wäre ein Zusammenleben in einer Sozialgemeinschaft nicht möglich. Wann aber wird das Ordnen des natürlichen Chaos selbst chaotisch, unnatürlich, abwegig? Wann stiehlt uns unsere Liebe für Ordnungen und

Ohne ein gewisses Maß an zuverlässigen Größen wäre ein Zusammenleben in einer Sozialgemeinschaft nicht möglich.

Strukturen die Lebensqualität? Wenn wir zu viele Dinge in unserer Wohnung herumliegen haben, die nicht ständig in Gebrauch sind, dann legen wir sie oft einfach in eine Schublade oder einen Karton, den wir im Keller oder auf dem Dachboden verstauen. Hiermit haben wir einen pragmatischen Ordnungsversuch unternommen, der uns Ruhe und Zufriedenheit gibt: Der Tisch ist leer, der Karton nicht mehr zu sehen.

Nun kommt der Ordnungsfanatiker. Er baut sich ein spezielles Regal im Keller. Zunächst benötigt er eine ganz genaue Planung dafür. Der Keller muss ausgemessen werden. Dann werden intensive Recherchen nach der platzsparendsten Bauform eines Regals angestellt. Die größte Effizienz muss berechnet werden, das preiswerteste und doch langlebigste Material muss her. In der Mittagspause muss unser ordnungsliebender Kollege schnell in den Baumarkt. Es muss im Bekanntenkreis ein Transporter ausgeliehen werden, um an einem Samstag das Baumaterial zu kaufen. Die Ordnung nimmt ihren Lauf, ein perfektes Regal entsteht nach und nach. Der Weihnachtsbaumständer und diverse einmal jährlich benötigte Dekorationsgegenstände finden eine neue Heimat in diesem Regal. Ein Zweitgerät eines Zweitgerätes, welches wahrscheinlich in den nächsten 15 Jahren niemand benötigen wird, ebenso. Vielleicht auch einige originalverpackte Hochzeitsgeschenke.

Endlich ist es ordentlich. Sicherlich bedurfte diese „Ordnungsmaßnahme“ eine ganze Woche im Leben des imaginären Kollegen. Jeder Tag ein Tag weniger im Leben. Ein Tag im Schwimmbad oder Biergarten, ein Tag mit der Familie beim Einkaufsbummel, ein Tag mit Nichtstun und es sich gut gehen lassen, ein Tag, um ein gutes Buch zu lesen. Viele von Ihnen kennen sicher einen Menschen, der Ordnungsfanatiker ist. Diese Menschen sind oft das krasse Gegenteil eines Messie und sorgen durch ihre Ordnungsliebe oft für neues Chaos, oftmals ein Beziehungschaos unter Freunden oder Partnern.

„Ordnung schaffen" sollte geprägt sein von gesundem Pragmatismus, sonst führt Ordnung ins Chaos.

Der Wunsch nach Ordnung ist in jedem Menschen verankert, aber wir müssen darauf Acht geben, diesem Wunsch nicht durch neurotisches Verhalten nachzugeben. „Ordnung schaffen" sollte geprägt sein von einem gesunden Pragmatismus und Menschenverstand, sonst führt Ordnung ins Chaos. Ordnungsfanatiker sind zwanghafte Menschen, die wenig Kreativität und Spontaneität haben.

Das heißt nicht, dass Sie nun ein Totalchaot oder Messie werden sollen, Sie sollten sich nur für das rechte Mittelmaß – wie bei allem im Leben – sensibilisieren. Totalchaoten lassen oft alles dort fallen, wo sie es zuletzt benutzt haben. Lassen getragene Kleidungsstücke an jenem Platz zurück, wo sie sie ausgezogen haben. Irgendwann fällt ihnen auf, dass Sie das Kleidungsstück vermissen und schaffen es damit sogar bis zur Waschmaschine. Totalchaoten, selbst wenn sie noch ein gutes Stück vom Messie-Dasein entfernt sind, sind möglicherweise ebenso neuro-

tisch wie zwanghafte Ordnungsfanatiker. Auch Totalchaoten haben wenig Lebensfreude, da sie das meiste im Leben ja eh verpassen, weil sie es gerade vergessen, zu spät kommen oder irgendwo etwas liegen gelassen haben usw.
Chaos hat im Leben eines chaosbejahenden Menschen zwei verschiedene Bezugsgrößen. Mancher bricht aus fest gefügten Ordnungsprinzipien aus, weil er das vorgeplante Leben mit lebenslanger Arbeit, monogamer Partnerschaft, anschließendem Rentnerdasein und Tod als strukturelle und aufeinanderfolgende Ordnung nicht akzeptieren kann. Er begehrt auf gegen die Ordnung und sucht sich eine alternative und ungeregelte – damit chaotische – Lebensform. Damit schafft er gleichzeitig für sich eine Bezugsgröße und somit eine Ordnung. Er wird vehement für sein Lebensprinzip einstehen und argumentieren.
Ein anderer Mensch erlebt Chaos als Unzulänglichkeit in seinem Leben und leidet unter den sich daraus ergebenden fehlenden Bezugsgrößen, einer sozialen Isolation und ständigem Anecken in einer geordneten Welt. Er mag sich mit seinem Chaos vielleicht abgefunden haben, favorisiert es aber nicht, ist nur nicht in der Lage, irgendeine Art struktureller Veränderung zu schaffen. Ihm fehlt im Gegensatz zum vorgenannten Menschen jegliche Ordnung. Ordnung ist also auch im Chaos noch vorhanden.
Müssen wir die Begriffe Chaos und Unordnung trennen? Ist Unordnung nur eine milde Form von Chaos, gewissermaßen eine Vorstufe, die wir noch ohne viel Aufwand aufräumen können, wenn es denn wirklich sein muss? Ist

Chaos eine unvorhergesehene Situation, auf die wir uns nicht sofort und adäquat einstellen können? Schaffen wir es, im Chaos unseres Lebens eine gewisse Ordnung zu finden, die ausreichend ist, uns Sicherheit und Bezugsgrößen zu geben? Nur dann können wir das Prinzip „Ordnung schaffen" zur Nebensache degradieren und unser Leben kreativ und spontan führen. Zu viel Ordnung schafft Chaos. Die Kunst besteht darin, die Mitte zu finden zwischen Chaos und Ordnung, also zwischen Chaos und Kosmos. Alles ist im Fluss, alles ist dynamisch. Chaos und Kosmos entstehen jeden Tag und jede Stunde aufs Neue. Chaos ist die Ordnung, die wir noch nicht kennen.

Chaos ist solange Chaos, als man nicht begreift,
dass es eine höhere Ordnung ist. Gerd Gerken

Glück bedeutet die Vermeidung von Stress

Eines der wichtigsten Wörter unseres heutigen Lebens lautet Stress. Nahezu jeder Mensch behauptet von sich, dass er hin und wieder gestresst sei.

Zur Glücksphilosophie gehört unbedingt die Vermeidung oder Regulation von sogenanntem Distress, Stress also, der uns nicht guttut. Zeitnot, Termindruck, scheinbar verpasste Gelegenheiten, Hitze, Kälte, Streit, Überforderung – nur ein paar Worte, die jeden Menschen sofort an das Wort Stress denken lassen.

Zur Glücksphilosophie gehört unbedingt die Vermeidung oder Regulation von Stress, der uns nicht guttut.

Dr. Hans Selye, ein österreichisch-ungarischer Arzt und „Vater der Stressforschung", forschte in den 1930er-Jahren intensiv zu den Ursachen und Auswirkungen, die mit Stress zusammenhängen.

Wussten Sie, dass Sie Stress oft schon durch eine Änderung Ihrer kognitiven Bewertung, sprich Ihrer Gedanken und Grundannahmen verändern können? Darüber hinaus sollten wir aber auch stressauslösende Situationen besser vermeiden, umgehen oder managen lernen. Hierzu gehören Zeitmanagementstrategien, Verbesserung unserer sozialen Rahmenbedingungen usw.

Halten Sie sich so gut Sie können von hektischen Menschen fern. Lassen Sie sich von der Aufregung und dem Genervtsein anderer Menschen nicht anstecken. Vermeiden Sie Konflikte. Bestehende oder unvermeidliche Konflikte sollten Sie stets sofort mit dem anderen Menschen durch eine Aussprache lösen. Nehmen Sie niemals ein unterschwellig negatives Gefühl von der Arbeit mit nach Hause oder abends mit ins Bett.

Planen Sie Ihren Tag oder Arbeitstag im Vorfeld bereits so, dass Sie keinen Termindruck bekommen. Dass Sie genügend Zeit haben, sich zwischendurch auch einmal ein paar Minuten auszuruhen. Nehmen Sie nicht mehr Verpflichtungen an, als Sie gut bewältigen können. Lernen Sie, Dinge zu delegieren, die delegierbar sind. Konzentrieren Sie sich auf Ihre Kernkompetenzen und auf Ihre großen Ziele.

Planen Sie Ihren Tag oder Arbeitstag im Vorfeld bereits so, dass Sie keinen Termindruck bekommen.

Bestimmen Sie über den Informationsfluss, der in Ihrem Leben stattfinden soll. Werden Sie ein Informationsökonom. Wir brauchen nicht jede noch so neue Informationstechnologie, um in der Lage zu sein, mitten in der Fußgängerzone eine Abfrage im Internet zu machen, um festzustellen, ob der Artikel der Wahl woanders billiger ist.

Neulich sagte jemand ganz stolz zu mir: „Ich habe eine Festplatte in meine Autostereoanlage integriert, auf der etwa 8000 mp3-Titel gespeichert sind. Ein Freund beim Radio hat mir die kopiert!“ Ich überlegte kurz und sagte zu ihm. „Super, wenn du jeden Morgen und jeden Abend 15 Minuten zur Arbeit fährst, dann hast du alle Titel in zweieinhalb Jahren gehört."

Mal ehrlich, der letzte Schrei macht uns doch oft nur Stress. Wir wollen einen Fernseher und der Verkäufer sagt uns gleich, welche Norm, HDTV oder was auch immer in den nächsten Jahren auf den Markt kommen wird und für was wir „ready" sein sollten. Ja, wir sind doch nicht blöd. Aber wir gehen in der Informationsflut unter, wissen oft nicht mehr, was wir zuerst anhören, anschauen oder beantworten sollen. Kinder verlernen das Spiel auf der Straße, Nachlaufen findet im Computerspiel statt und selbst Bewegung wie laufen, springen, Tennis spielen oder boxen lassen sich ganz einfach auf dem Sofa mit einer Playstation oder Wii oder Ähnlichem vollziehen.

Je mehr wir besitzen, desto mehr Stress haben wir. Wir müllen unsere Kreativität mit dem zu, was findige Ingenieure in Fernost als unser vermeintliches Lebensziel erdacht haben. Schon lange kaufen wir ein Auto nicht mehr allein nach den Fahrattributen, sondern auch nach den ganzen Extras und Informationstechnologien, die wir zuhauf angeboten bekommen.

Je mehr wir besitzen, desto mehr Stress haben wir.

Unsere Gesellschaft wandelt sich noch schneller als die Paradigmen in ihr. Wir bekommen Jahr für Jahr neue technologische Herausforderungen, die mit viel gesellschaftlichem Druck auf uns einwirken. Irgendwann knicken wir ein und haben eben Internet, UMTS, iPod usw., denn wir wollen nicht als skurrile Gestalten oder Hinterwäldler gelten. Wir bauen uns unseren stressigen Alltag so gut aus wie unser Dachgeschoss. Unsere Kinder sind Mittler zwischen der Konsumindustrie und uns und werden strategisch über die Werbung eingesetzt. Wir geben nach und kaufen, kaufen, kaufen.

Besinnen Sie sich einmal kurz auf Ihre eigene Kindheit. Beantworten Sie ganz spontan die Frage, ob Sie in Ihrer Kindheit etwas versäumt haben ohne all die elektronischen Geräte und Techniken von heute? Ganz ehrlich, ich denke, Sie werden wie ich ganz spontan „Nein" sagen. Eben, wir vermissen ja auch nicht das, was erst nächstes Jahr erfunden wird.

Im Gegensatz zu dem Stress am Arbeitsplatz, den wir oft nicht ganz verändern oder abstellen können, ist der hausgemachte Stress unserer Freizeit ganz einfach zu stoppen. Stressabbau beginnt auch damit, dass Sie selbst sich etwas Gutes auf der körperlichen Ebene tun. Wie Sie bereits in vorherigen Kapiteln erfahren haben, sollten Sie sich viele positive Dinge auf der physischen Ebene gönnen. Das sorgt für ein „dickeres Fell". Schaffen Sie sich für jede energieraubende oder stressreiche Aufgabe einen körperlichen Ausgleich. Vergessen Sie die übergroßen Selbstanforderungen, die Sie an sich stellen. Ein Tag hat nun einmal nur 24 Stunden. Streichen Sie unwichtige Dinge aus diesen 24 Stunden heraus. Dazu gehören Zeitdiebe, ineffiziente Beziehungen zu anderen Menschen und oftmals auch das Haustier, das jeden Tag intensiv gepflegt und gefüttert werden will. Prüfen Sie selbst, ob Sie eine Katze oder einen Hund brauchen, auf Urlaub verzichten wegen Ihres Aquariums oder Ihrer unzähligen Zimmerpflanzen. Prüfen Sie, ob Ihre Haustiere Ihnen mehr Stress als Freude bereiten. Seien Sie ehrlich zu sich selbst!

Lösen Sie chronische Konflikte am Arbeitsplatz, indem Sie endlich eine Aussprache suchen und eine friedliche Koexistenz zwischen sich und Ihren Kollegen herstellen. Lernen Sie, die Kontrolle über Ihr eigenes Leben zu haben und sich nicht fremdbestimmt zu fühlen. Sehen Sie sich nicht als Opfer der Umstände, sondern voll verantwortlich für alles, was Sie tun. Lernen Sie, eigene Entscheidungen zu tragen und nicht mit sich zu hadern oder Dinge zu bedauern, die Sie sowieso nicht mehr rückgängig machen können. Leben Sie in der Gegenwart und gestalten Sie die Zukunft.

Legen Sie die Auslöseschwelle für Stress höher. Jeder Mensch hat seine eigene subjektive Auslöseschwelle für Stress. Diese hängt oftmals mit seinem Lebensverständnis zusammen. Nehmen Sie einmal an, Sie fühlen sich genervt und gestresst durch den Lärm spielender Kinder auf der Straße. Dann entsteht der Stress dadurch, dass Sie sich einerseits in Ihrem Recht auf Ruhe eingeschränkt sehen, und zweitens dadurch, dass Sie sich als Opfer der Umstände empfinden, weil Sie nicht wirklich etwas gegen dieses Kinderspiel unternehmen können.

Legen Sie Ihre subjektive Auslöseschwelle für Stress höher.

Eine Neubewertung der Situation legt Ihre Auslöseschwelle für diese Stressreaktion deutlich höher: Denken Sie doch einmal daran, dass spielende Kinder auf der Straße auch ein Zeichen einer guten und heilen Umgebung sind. Dass Kinderspiel positiv und unbeschwert ist; dass eine Welt ohne Kinder ganz trostlos wäre. Dass Kinder neben Schule und Hausaufgaben auch nur ganz wenig Zeit haben, sich zu entspannen, was sie eben durch ihr Spiel machen; dass Kinder auch beim gemeinsamen Spiel noch fleißig arbeiten, denn sie imitieren oft Erwachsenenrollen im Spiel und trainieren die sozialen Interaktionen, die sie im Erwachsenenleben brauchen. Kurzum, Kinderspiel hat viel mehr Aspekte als nur die Störung Ihres Mittagsschlafs und ist für alle Menschen in einer Sozialgemeinschaft wichtig. Wenn Sie sich die Überlegung zu Stress und Kinderlärm jetzt noch einmal stellen, liegt Ihre Auslöseschwelle für diese Art von Stress vielleicht schon ein klein wenig höher.

Um sich nicht als Opfer der Umstände zu empfinden, können Sie auch aktiv werden. Aktiv werden bedeutet in diesem Fall, pragmatisch vorzugehen. Sie könnten entweder das Zimmer wechseln, in dem Sie sich aufhalten, oder gar Ihren Tagesablauf umplanen oder Ihren Nachbarskindern Geld für ein Eis schenken mit dem Vorschlag, dass sie 50 Meter weiter entfernt spielen. Ganz sicher wird es eine pragmatische und friedliche Lösung für diese Art von „Stress" geben.

Systematisch gesehen gilt es also, die äußeren belastenden Ereignisse für Stress zu vermeiden, zu verändern oder sich darauf zu kompatibilisieren. Wenn Sie Ihre Umwelt nicht verändern können, müssen Sie sich in Bezug zu Ihrer Umwelt verändern. Alle Systeme haben dynamische Interaktionen und verändern sich miteinander.

Wenn Sie Ihre Umwelt nicht verändern können, müssen Sie sich in Bezug zu Ihrer Umwelt verändern.

Sollten Sie sich von Ihrem Leben oft gestresst fühlen, dann setzen Sie sich hin und machen Sie sich einen individuellen Stresskalender, in den Sie eine Zeit lang alle schwierigen Situationen eintragen, die Sie durch körperliche Reaktionen bemerken. Nach einer Weile haben Sie Dauerstressoren entlarvt und können diese zukünftig verändern oder besser bewältigen. Nach Albert Ellis, einem amerikanischen Psychologen und Psychotherapeuten, wird eine Situation erst dann zu einem Stressor, wenn sie als solcher von Ihnen bewertet wird. Unsere eigene Bewertung macht den Stress!

Stress macht krank, das wissen wir ziemlich sicher. Magenschmerzen, Muskelverspannungen, hoher Blutdruck, Tinnitus – um nur ein paar stressabhängige Gesundheitsstörungen zu benennen. Auch reaktive Depressionen können durch Dauerstress entstehen. Nicht nur der Stressbetroffene leidet darunter, auch sein eigenes soziales Umfeld leidet indirekt mit. Lassen Sie es nicht so weit kommen.

Was passiert in unserem Körper bei Stress? Der Körper aktiviert zunächst das autonome Nervensystem, speziell den Sympathikus, den Nerv, der für die seit Menschengedenken notwendigen Kampf-Flucht-Reaktionen zuständig ist. Gleichzeitig werden in Millisekunden Stresshormone wie Adrenalin und Noradrenalin ins Blut abgegeben, etwas später über einen komplizierten Mechanismus auch Cortisol. In der Folge schlägt unser Herz schneller und kraftvoller, der Blutdruck steigt und die Muskeln spannen sich an. Die Atmung beschleunigt sich und die Bronchien erweitern sich. Dies sind nur Bruchteile der ganzen Reaktionen, die bei Stress im Körper ablaufen.

Erleben wir diese Art von Stress z. B. als Basketballspieler oder Fußballspieler auf dem Feld, dann laufen diese ganz natürlich ab. Es entstehen keine körperlichen Probleme daraus, denn die aktive Bewegung baut die Anspannung recht schnell wieder ab. Erleben wir aber diese körperliche Stressreaktion am Schreibtisch, dann ist sie im höchsten Maß schädlich und wird auf Dauer Spuren in unserem Körper hinterlassen. Diabetes, Bluthochdruck, gesteigertes Krebsrisiko, erhöhtes allgemeines kardiovaskuläres Risiko – viele chronische Krankheiten können stressinduziert sein. Da körperliche Stressreaktionen von der Natur gewollte Strategien für Angriff oder Flucht sind, müssen wir im Fall von Dauerstress auch adäquat reagieren, um diesen explosiven Hormoncocktail wieder abzubauen. Dafür müssen wir uns bewegen, so wie unsere Vorfahren dies jeden Tag getan haben. Bewegung wie z. B. 20 Minuten joggen oder Rad fahren auf dem Heimtrainer reichen schon, um den Körper wieder ins Gleichgewicht zu bringen.

Wenn Ihr persönlicher Stress in Rücken, Nacken oder Bauch zu spüren ist, dann wird es höchste Zeit für Sie, etwas dagegen zu tun. Die allergeringste Maßnahme sind etwa 20 Minuten strammes Spazierengehen täglich. Gehen Sie zu Fuß von der Arbeit nach Hause, wenn das entfernungsmäßig möglich ist. Nehmen Sie im Sommer das Fahrrad, um zur Arbeit zu kommen. Steigen Sie notfalls eine Station später in den Bus, wenn Sie abends nach Hause fahren. Sie können Ihr Auto auch einen Kilometer entfernt vom Büro parken, sodass Sie wenigstens etwas Bewegung nach der Arbeit haben. Der Besuch im Schwimmbad oder das zweimalige längere Joggen in der Woche wirken Wunder gegen körperlichen Stress.

Sie können sich selbst eine Stresscheckliste machen, anhand der Sie sehr schnell feststellen, ob Sie unter Umständen stressbedingte Symptome zeigen:

- Tagesmüdigkeit,
- schlechte Krankheitsabwehr,
- Einschlaf- oder Durchschlafstörungen,
- ständiges Aufbrausen („von null auf 180"),
- Zunahme von Alkohol- oder Zigarettenkonsum,
- Konzentrationsmangel,
- Aggressivität,
- Ängstlichkeit,
- unangenehmer Herzschlag,
- Muskelverspannungen in Rücken, Nacken, Schultern,
- Kopfschmerzen,
- Zunahme des Blutdrucks,
- das Gefühl, nicht Herr der Lage zu sein oder sich als Mobbingopfer zu empfinden.

Bei sportlicher Bewegung werden die aufgestauten Stresshormone schnellstens verstoffwechselt, Blutdruck und Herzfrequenz sinken wieder auf Normalwerte. Positive Glücksgefühle entstehen, teils hormonell, teils auch einfach über das Empfinden der eigenen Leistungsfähigkeit. Probieren Sie es aus.

Bei sportlicher Bewegung werden die aufgestauten Stresshormone verstoffwechselt, Blutdruck und Herzfrequenz sinken wieder auf Normalwerte.

Die zweite wesentliche Säule, um körperlichen Stress abzubauen, ist die aktive Entspannung, etwa mit Entspannungsverfahren wie der progressiven Muskelrelaxation nach Jacobson oder weichen meditativen Bewegungen im Tai-Chi. Die progressive Muskelrelaxation nach Jacobson können Sie selbst ohne fremde Hilfe erlernen oder sich eine Audio-CD als Anleitung kaufen. Prinzipiell suchen Sie sich einen ruhigen Platz in Ihrer Wohnung, legen sich auf einen bequemen Teppich oder eine Gymnastikmatte und spannen nacheinander alle Muskelgruppen jeweils für ungefähr sieben Sekunden an.

Beginnen Sie zunächst mit den Händen, die Sie mit den Handflächen in die Unterlage drücken, die Spannung etwa sieben Sekunden anhalten und dann wieder lösen. Danach drücken Sie z. B. die Ellbogen in gleicher Weise in die Unterlage, später die Schultern. Arbeiten Sie sich Schritt für Schritt durch alle Muskelgruppen durch. Halten Sie jeweils eine hohe Anspannung, indem Sie den betreffenden Körperteil stark in die Unterlage drücken. Halten Sie immer die Spannung für sieben Sekunden an. Sie werden sehr schnell merken, dass nach dem Lösen der Anspannung der Muskeltonus auf ein niedrigeres Niveau zurückfällt als zuvor. Alle Muskeln werden sich nach und nach tiefer entspannen als vor der Übung.

Die progressive Muskelentspannung ist überall und zu jeder Zeit anwendbar. Sie können sie auch tagsüber während der Arbeit im Büro anwenden. Wandeln Sie die Übungen ab: Sie können die Unterarme auf die Tischplatte drücken. Eine Faust können Sie auch im Sitzen ballen. Alternativ können Sie Ober- und Unterarm an den Körper drücken, die Füße auf den Boden stemmen, den Po auf dem Bürostuhl anspannen. Auch die Bauchmuskeln können Sie im Sitzen anspannen.

Lernen Sie weitere Entspannungsverfahren zum Stressabbau. Jede Art von Entspannungsverfahren ist dazu geeignet – weniger jedoch das reine Abhängen vor dem Fernseher.

Lernen Sie ein Entspannungsverfahren zum Stressabbau.

Versuchen Sie auch, Stress zukünftig nicht mehr so stark aufkommen zu lassen. Bei allen Situationen, die Sie plötzlich als unangenehm oder stressend empfinden, sollten Sie sich sofort selbst eine Art Bewertungsfeedback geben. Fragen Sie sich im gleichen Augenblick, ob Sie aufgrund dieser Situation sterben oder verarmen werden, ob Sie deshalb Ihre Arbeit oder Ihr Haus verlieren oder die Welt untergeht.

Fragen Sie sich, was Ihr bester Freund, Ihr Bruder oder Ehepartner über die gleiche Situation denken würde. Wäre er auch gleich gestresst oder würde er die entsprechende

Situation mit sehr viel mehr Gelassenheit hinnehmen? Was würden Sie selbst einem anderen sagen, der in der gleichen stressauslösenden Situation wäre? Dann werden Sie meist merken, dass Sie in dem einen oder anderen Fall überreagiert haben und den auslösenden Stressor total überbewertet haben. Verzeihen Sie sich und anderen Fehler.

Lachen ist der größte Feind des Stresses. Lachen produziert Glückshormone, die ein absoluter Adrenalinkiller sind. Außerdem verändert sich beim Lachen die körperliche Haltung. Gesicht und Muskeln entspannen sich. Ein lustiger Film, der uns ständig zum Lachen bringt, sorgt nachweislich für einen Abfall der Stresshormone im Blut um 35 bis 70 Prozent.

Gehen Sie tagsüber öfter an die frische Luft und atmen sich den Kopf klar. Oft hilft es, wenn wir nur für wenige Minuten einen stressreichen Ort verlassen, um unseren Adrenalinspiegel etwas unter Kontrolle zu bekommen. Hören Sie tagsüber, wenn es irgend möglich ist, ein paar Minuten Ihre Lieblingsmusik, mit der Sie schöne Situationen verbinden.

Gehen Sie tagsüber öfter an die frische Luft und atmen sich den Kopf klar.

Eine wesentliche Strategie gegen Stress haben Sie bereits kennengelernt – träumen Sie einfach mal! Oder versuchen Sie, ein großes Ganzes, einen Bezugsrahmen hinter allem zu sehen. Die Vermeidung von Stress und die eigene aktive Auflösung der Stressfolgen ist ein wesentlicher Faktor, um glücklich sein zu können.

Glück heißt, negative Gedanken zu vermeiden

Ob etwas in unseren Augen gut oder schlecht ist, hängt mit unserer Wahrnehmung zusammen, ebenso ob wir uns gut oder schlecht fühlen. Unsere innere Haltung findet oft in unserer äußeren Haltung ihre Entsprechung. Stellen Sie sich nur den Mitarbeiter eines Unternehmens vor, der gerade aus dem Büro des Chefs kommt und auf dem Flur erzählt, dass er entlassen wurde. Welche Körperhaltung wird er haben? Wird er mit stolzgeschwellter Brust sagen: „Toll, ich bin gefeuert"? Nein, eher wird er mit hängenden Schultern und einer eher etwas gebeugten Körperhaltung davonschleichen. Eine solche deprimierte Körperhaltung nehmen wir oft ganz automatisch ein, wenn wir recht verzweifelt sind, uns als Opfer der Umstände erleben oder uns in einer scheinbar auswegslosen Situation befinden.

Schauen Sie Ihre Mitmenschen auf der Straße doch einmal genauer an. Sehr schnell werden Sie ganz routiniert traurige oder depressive Menschen an ihrer Körperhaltung und ihrem Gesichtsausdruck erkennen. Aufgrund von belastenden Gedanken kommt es sehr schnell oft auch zu einer Veränderung der Körperhaltung.

Machen Sie einmal einen Test mit Freunden oder Familienangehörigen. Lassen Sie den Betreffenden etwas ganz Schönes aus seinem Leben erzählen, vielleicht die Geburt seines

Kindes oder eine Weltreise oder eine bestandene Prüfung. Dann bitten Sie ihn, den ganzen Arm auszustrecken und ihn sich keinesfalls von Ihnen herunterdrücken zu lassen. Versuchen Sie nun, den Arm herunterzudrücken, werden Sie einen enormen Widerstand spüren. Lassen Sie den Betreffenden dann den Arm wieder herunternehmen und bitten Sie ihn, an etwas ganz Schreckliches zu denken, etwa einen Todesfall, einen Unfall oder sonst ein schlimmes Ereignis. Bitten Sie den Betreffenden dann, wenn er sich in dem Gefühl dieser negativen Erinnerung befindet, erneut den Arm ausstrecken, und versuchen Sie, mit dem gleichen Druck wie zuvor den Arm herunterzudrücken – Sie werden feststellen, dass der Widerstand deutlich geringer ist als zuvor.

Diesen kinesiologischen Test mache ich häufig mit Patienten in meiner psychotherapeutischen Praxis, um ihnen zu zeigen, welche Macht negative Gedanken haben. Sich an traurige oder negative Ereignisse zu erinnern sorgt oft auch für eine schlechte Körperhaltung. Wenn wir denken und fühlen, dann tun wir das nicht nur mit unseren kognitiven Fähigkeiten, sondern mit unserem gesamten Organismus. Mit einer schlechten Körperhaltung strahlen wir Energielosigkeit aus und sorgen oft auch dafür, dass wir von außen wenig neue Energie bekommen.

Mit einer schlechten Körperhaltung strahlen wir Energielosigkeit aus und sorgen dafür, dass wir von außen wenig neue Energie bekommen.

Unser Körper reagiert noch viel stärker auf Gedanken, als Sie es jemals für möglich halten werden. Falls Sie mit dem Satz „Das ist psychosomatisch" nichts anzufangen wissen, wird es höchste Zeit, dass Sie sich mit der Interaktion zwischen Geist und Körper beschäftigen. Fortan werden Sie dann ganz vorsichtig mit negativen Gedanken umgehen und sich lieber in den besonderen positiven Momenten aufhalten.

Stellen Sie sich jetzt bitte einmal ein Kind vor. Vielleicht Ihr Kind, Enkelkind oder Patenkind oder irgendeines, das Sie kennen. Dieses Kind kommt nun in Ihrer Vorstellung zu Ihnen, sagt „Schau mal her" und nimmt aus der Hosentasche eine riesige saftige leuchtend gelbe Zitrone. Mit dieser Zitrone in der Hand tritt das Kind vor Sie und führt sie zum Mund. Sie sehen zu, wie das Kind in diese Zitrone hineinbeißt und der Saft an den Mundwinkeln herunterläuft. Wie gebannt schauen Sie auf das Kind und die leuchtend gelbe Zitrone …

Okay, Sie dürfen nun aus dieser Vorstellung wieder aussteigen. Wenn Sie aufmerksam gelesen und sich alles genau vorgestellt haben, dann hat sich nun ganz viel Speichel in Ihrem Mund gebildet Sie jetzt nach und nach herunterschlucken müssen.

Nun wissen Sie ungefähr, was Sie sich unter „psychosomatisch" vorzustellen haben: Ein Gedanke reicht oft aus, um eine komplexe körperliche Reaktion in Gang zu setzen. Ihr Gehirn hat nicht unterschieden, ob es sich um eine wahre Situation oder um eine Fiktion handelte. Das kann es auch gar nicht, denn für die Aktivierung mancher körperlichen Reaktionen und Anpassungsleistungen sind Strukturen unseres Gehirns zuständig, die schlichtweg überhaupt gar keine Denkfähigkeiten haben. Diese Strukturen empfangen einfach einen Nervenimpuls und setzen daraufhin eine aktivierende – zum Beispiel – endokrine Funktion in Gang, in diesem Fall den Speichel, egal, ob das Ereignis real ist oder nicht.

Die Kraft unserer Gedanken und insbesondere unserer negativen Vorstellungskraft ist sehr groß. Nehmen Sie zum Beispiel Angst. Wenn wir Angst bekommen, spüren wir vielfältige körperliche Reaktionen, die oft bereits Millisekunden nach einem angsteinflößenden Gedanken auftreten. In meiner Praxis behandele ich seit Jahren unter anderem auch viele Angstpatienten. Von Angst- und Panikstörungen betroffene Menschen haben auf einfachste und kürzeste Wahrnehmungs- oder Bewertungsmuster sehr umfassende somatische, also körperliche Reaktionen.

Die Kraft unserer Gedanken und insbesondere unserer negativen Vorstellungskraft ist sehr groß.

Vereinfacht gesagt passiert oft Folgendes: Als Erstes ist die Wahrnehmung, also der Input, über unsere Sinne entscheidend. Der Betroffene nimmt einen Sinnesreiz wahr. Das kann die Sirene eines Krankenwagens sein, das kann eine Todesanzeige oder Unfallmeldung in der Zeitung sein, ein lapidarer Satz eines Verwandten am Telefon, der erzählt, dass er krank sei, ein Fernsehbericht über eine Krankheit oder irgendetwas, das an etwas Unangenehmes erinnert.

Auf den Input folgt eine kognitive Bewertung desselben. Manchmal wird die Situation in unserem Gehirn nur abgeglichen mit bereits erlebten Situationen, manchmal denken wir aber auch sehr intensiv darüber nach. Auf diese kognitive Bewertung des Inputs folgt eine Emotion. Jeder Input erzeugt in uns eine Emotion: Emotionen von Glück, Freude oder Unbehagen, Ärger, Angst, Wut usw. Auf die Emotion folgt immer ein körperlicher Zustand. Auf Freude folgt oftmals ein wenig Herzklopfen, auf Ärger und Wut eine muskuläre Anspannung, die Ausschüttung von Stresshormonen usw.

Unser Körper reagiert oft sehr pragmatisch und korrekt. Er leitet exakt die Reaktion ein, die angemessen zu der Situation ist, die wir ihm schildern. Wenn wir vor einigen Zehntausend Jahren gelebt hätten, wären an eine Wasserstelle gekommen und hätten einen riesigen Tiger dort stehen sehen, dann wäre auf dieses Erblicken des Tigers in Millisekunden ein wahres Adrenalinfeuerwerk durch unseren Körper gegangen, und wir hätten aus dem Stand lossprinten können, um uns in Sicherheit zu bringen. Damals war diese sofortige körperliche Reaktion unseres Körpers sinnvoll, weil lebensnotwendig. Heute lösen wir auf manch harmlosere Ereignisse ebensolche Elementarreaktionen aus. Stellen Sie sich vor, jemand nimmt Ihnen in der Stadt den Parkplatz weg oder im Straßenverkehr die Vorfahrt. Schon kommt es zu einer starken körperlichen Reaktion. Die Fähigkeit, in Sekunden zwischen Kampf oder Flucht zu entscheiden, steckt immer noch in uns.

Unser Gehirn und auch unsere körperlichen Reaktionen sind entwicklungsgeschichtlich im Zeitalter des Pleistozän stehengeblieben. Dieses Zeitalter begann etwa vor zwei Millionen Jahren und endete etwa vor 13 000 Jahren. Damals waren wir Menschen Jäger und Sammler, und schnelle körperliche Reaktionen waren wichtig für uns. Der Mensch im Pleistozän hatte sicherlich andere Probleme als wir, war den Unbilden von Natur und Wetter ausgesetzt. Ganz sicher hatte er aber angemessenere gedankliche Reaktionen auf Außenreize, als wir sie heute haben. Seit dieser Epoche hat sich unser Gehirn in nur sehr wenigen Details verändert. Grund dafür ist auch die Tatsache, dass unser Gehirn nicht mehr wachsen konnte. Menschen haben das proportional größte Gehirn aller Säugetiere, was heute schon kaum in den menschlichen Schädel hineinpasst. Würde der Schädel weiter wachsen, so wäre es Frauen unmöglich, Kinder auf normalem Weg zur Welt zu bringen.

Unser Gehirn und auch unsere körperlichen Reaktionen sind entwicklungsgeschichtlich im Pleistozän stehengeblieben.

Wie können wir nun negative Gedanken vermeiden? Wie können wir es vermeiden „schlecht drauf zu sein“?

Die Menschen werden nicht durch Dinge beunruhigt, sondern durch die Ansichten, die sie darüber haben.

Epiktet

Leben Sie instinktiv

Eine wesentliche Technik, Ihr Leben unkompliziert und voller Lebensqualität zu gestalten, ist es, so oft wie möglich rein instinktiv zu leben. Unsere Instinkte sind verkümmert. Tiere leben völlig im Einklang mit ihren Instinkten. Niemand muss ihnen erklären, wann sie aufstehen, wann sie schlafen, wann sie essen oder sich paaren sollten. Tiere machen all diese Dinge, wenn zwei Rahmenbedingungen gegeben sind: Erstens ist der Drang, zu fressen, vorhanden, zweitens ist Nahrung in der Nähe. Tiere paaren sich, wenn der Drang dazu da ist und der entsprechende Partner. Tiere schützen und versorgen instinktiv ihren Nachwuchs. Tiere wissen auch, wie sie diesen zur Welt bringen.

Wir Menschen haben die gleichen tierischen Instinkte heute noch in uns, die die uns ähnlichen Säugetiere auch besitzen. Diese Instinkte werden aber nicht mehr wahrgenommen oder verdrängt. Als Baby leben wir noch instinktiv. Wenn das Baby Hunger hat, sucht es instinktiv die Mutterbrust und öffnet reflexartig den Mund, um gestillt zu werden. Im gleichen Zuge, wie die geistigen Fähigkeiten des Babys mit dem Älterwerden zunehmen, gehen die Instinkte verloren.

Wir Menschen haben die gleichen tierischen Instinkte heute noch in uns, die Säugetiere auch haben.

Wie oft hören wir uns sagen, wir hätten gerade Lust auf dies oder jenes oder wir würden jetzt gerade lieber dieses oder jenes tun als dies oder das. Vieles, was uns spontan einfällt und wir spontan äußern, kommt aus unseren verbliebenen Instinkten, unserer Triebebene. Wir brauchen keinen, der uns fragt, ob wir Hunger haben. Das wissen wir schon beim Erwachen. Unser Körper sagt uns oft im richtigen Moment, was zu tun ist. Er sagt uns, wann wir schlafen sollten, und er sagt uns, dass er nach dem Essen lieber faul in der Sonne liegen würde, als schnell ins Büro zurückzuhetzen. Er sagt uns auch, wenn er Lust auf ein kühles Getränk in der Sommerhitze hat oder auf einen heißen Tee im Winter. Unsere Instinkte sagen uns auch, ob eine anstehende Entscheidung gut oder schlecht ist. Viele Menschen meinen, dass sie den richtigen Riecher für dieses oder jenes gehabt hätten. Jeder kennt solche Situationen, wo wir gefühlsmäßig zu einer von zwei Wahlmöglichkeiten tendieren. Oft versuchen wir dann stundenlang oder tagelang darüber nachzudenken, was sich als sinnlos erweist. Oft ist das erste Gefühl das richtige.

Lernen Sie wieder, auf Ihren Körper zu hören. Lernen Sie mit Ihren Instinkten zu leben. Wenn Sie frieren, dann ziehen Sie sich warm an, machen den Ofen oder die Heizung an oder gehen in die Sauna. Wenn Sie schwitzen, gehen Sie ins Schwimmbad. Versuchen Sie einmal, die archaischen Grundbedürfnisse Ihres Körpers so schnell als möglich zu befriedigen. Wenn Sie Lust auf ein kühles Bier haben, dann trinken Sie eines. Wenn Sie Lust auf eine große Pizza haben, dann gehen Sie sofort los und verschaffen sich eine. Wenn dies nicht sofort geht, weil Sie im Büro sind, dann überlegen Sie, wie Sie nach der Arbeit zu Ihrer Pizza kommen.

Lernen Sie wieder, auf Ihren Körper zu hören.

Es ist wichtig, dass Sie Ihren Körper verstehen lernen. Er sagt Ihnen oft, was jetzt gerade im Moment gut für Sie wäre. Viele von diesen Vorgängen werden durch unser Nervensystem oder durch unser Hormonsystem gesteuert. Es sind ernsthafte Signale, dass etwas fehlt, seien es nun Kohlenhydrate bei einer leichten Unterzuckerung oder Wassermangel bei starkem Durst. Genauso wie unser Körper immer direkt nach diesen beiden Dingen, Wasser und Nahrung, verlangt und erwartet, dass wir mit unserem willkürlichen Nervensystem dazu beitragen, dass diese Tätigkeiten, essen und trinken, sofort oder schnellstmöglich ausgeführt werden, so verlangt er von uns auch von vielen anderen Dingen, dass diese schnell erledigt werden. Schieben Sie zukünftig weder Ruhebedürfnis noch Schlafbedürfnis lange auf, schieben Sie aber genauso wenig das Bedürfnis nach Bewegung und Sport auf. Ihr Körper will diese Dinge und braucht diese Dinge. Essen Sie salzig, wenn Sie Lust dazu haben, und essen Sie süß, wenn Sie Lust dazu haben.

Sie sind sicher mit mir einer Meinung, dass die ganzen autonomen Systeme Ihres Körpers ein Wunderwerk der Biologie sind. Diese Natur, die es schafft, dass Ihr Herz ganz von allein schlägt, wird sicherlich auch in der Lage sein, Ihrem Körper eine gewisse Professionalität mitzugeben, um entscheiden zu können, was er gerade braucht. Hören Sie auf sich und Ihre Instinkte, und Ihr Leben wird einfacher verlaufen. Versuchen Sie nicht dagegen zu handeln.

Hören Sie auf sich und Ihre Instinkte, und Ihr Leben wird einfacher verlaufen.

Sich etwas Gutes tun und eine Körperzufriedenheit zu erlangen ist ein wesentlicher Faktor im Bereich der Stressbewältigung. Mit der Zeit werden sich Ihre Sinne schärfen für all die archaischen Wünsche, die seit Urzeiten in uns Menschen stecken. Sie werden lernen, dass Ihr Körper ein gut funktionierendes Selbstmanagement hat, dem Sie ohne Weiteres vertrauen können.

Als kleine Übung zu diesem Kapitel sollen Sie an einem der nächsten Tage eine sofortige Befriedigung eines Körperbedürfnisses vornehmen. Dies sollte etwas sein, was Sie nicht automatisch jeden Tag tun. Selbstverständlich muss dieser Wunsch auch erfüllbar sein. Nachmittags aus dem Büro in einen Karibikurlaub zu starten, dürfte kaum gelingen; sich ein Eis holen schon. Sofort nach Feierabend ins Schwimmbad gehen, oder auf die Sonnenbank oder in die Sauna und anschließend etwas Exotisches essen, wäre eine annähernde Bedürfnisbefriedigung. Probieren Sie es aus, nur, tun Sie es direkt. Wenn Sie es getan haben, dann freuen Sie sich daran und sagen Sie sich: „Ich habe mir etwas Gutes getan. Mein Körper hat mir signalisiert, was er wirklich braucht, ich kann mich auf seine Signale verlassen.“

Glück heißt, Verantwortung zu übernehmen

Eine interessante Umfrage des Instituts für Demoskopie in Allensbach zum Thema Glücklichsein erbrachte ein überraschendes Ergebnis: 40 Prozent der Teilnehmer waren der Meinung, dass jeder für sein Glück verantwortlich sei. Etwa ebenso viele Teilnehmer waren der Meinung, dass jeder Mensch in eine spezielle Lebenssituation hineingeboren werde, aus der er nicht so ohne Weiteres herauskomme. Wie dem auch sei, lernen Sie, selbst voll verantwortlich zu sein für Ihre Lebensumstände.

Lernen Sie, selbst voll verantwortlich zu sein für Ihre Lebensumstände.

Für uns selbst voll verantwortlich zu sein bedeutet, dass wir ab sofort keine Ausreden und Entschuldigungen mehr suchen müssen für etwaige Versäumnisse, Dinge, die wir vergessen haben oder aber auch Dinge, die wir getan haben. Sich verantworten heißt, zu den Entscheidungen und Plänen zu stehen, die wir getroffen haben und die Resultate zu genießen, zumindest aber inhaltlich zu akzeptieren. Probieren Sie, die Verantwortung für sich selbst voll und ganz zu übernehmen. Das macht alles leichter und wird Sie motivieren, mehr für Ihre Träume und Ziele zu tun.

Plötzlich sind nicht mehr Eltern, Schule und Umfeld daran schuld, dass Sie vielleicht weniger erreicht haben, als Sie möglicherweise hätten erreichen können. Niemand muss mehr Ihr Schicksal verantworten – nur noch Sie selbst. Kein anderer übernimmt ab sofort mehr eine kausale Rolle für Dinge, die in Ihrem Leben stattfinden.

Das macht Sie freier und unabhängiger. Sie werden sehr schnell ein größeres Selbstbewusstsein bekommen und bald schon sehr wählerisch im Aussuchen Ihrer Ziele und Träume sein. Beginnen Sie damit, Ihr Leben jetzt in eigene Hände zu nehmen. Wenn Sie krank werden, dann fragen Sie nicht nach Schicksal, sondern nach dem Verbrauch Ihrer Ressourcen, Ihrem Lebenswandel, Ihrem allgemeinen Krankheitsrisiko. Schonen Sie ab sofort Ihre Ressourcen, denn Sie sind allein dafür verantwortlich. Machen Sie sich eine Betriebsanleitung für Ihr Leben, für Ihre Gesundheit und studieren Sie diese genauso wie die Bedienungsanleitung für den Fernseher oder für das Auto.

Verantwortung für uns selbst beinhaltet, dass wir uns Gutes tun und keine destruktiven Kräfte gegen uns selbst richten.

Verantwortung für uns selbst beinhaltet, dass wir uns ausschließlich Gutes tun und keine destruktiven Kräfte gegen uns selbst richten. Übermäßiger Drogengenuss wäre genauso destruktiv wie beispielsweise Spielsucht, ungesundes Essen oder riskantes Autofahren. Eigenverantwortlich zu sein bedeutet, uns weder fahrlässig noch vorsätzlich Schaden zuzufügen. Zur Eigenverantwortung gehört Engagement, zielstrebiges Handeln und Selbst-

disziplin. So steuern wir einem gesunden, positiven und freudvollerem Lebenswandel entgegen, in dem wir unsere Selbstverwirklichung finden.
Wir müssen eine Sensitivität für die Dinge entwickeln, die uns nicht guttun, die uns offensichtlich schaden oder mit unseren Träumen nicht übereinstimmen. Selbstverantwortung heißt auch, alles ändern zu können, was wir wollen. Sie können Ihre Wände morgen neu anstreichen oder Ihr Auto verkaufen. Sie dürfen Ihren Musikgeschmack ändern oder in eine andere Wohnung ziehen. Was auch immer Sie wollen – Sie müssen es selbst verantworten. Ein positives Gefühl, endlich „Herr der Lage" zu sein und nicht mehr „Opfer der Umstände", wird sich schnell einstellen.
Neben der Verantwortung für uns selbst haben wir auch eine Verantwortung unserem sozialen Netzwerk gegenüber. Familie, Freunde, Kollegen bedürfen unserer sozialen Verantwortung. Das bedeutet, genau das gleiche Verhalten, das wir uns selbst angedeihen lassen, auch gegenüber unserem sozialen Umfeld zu entwickeln: niemandem absichtlich Schaden zuzufügen, ehrlich und offen mit Freunden, Kollegen und der eigenen Familie umzugehen, nicht absichtlich zu verletzen oder zu verunglimpfen, hilfsbereit und zuverlässig zu sein. Ebenfalls müssen wir eine Verantwortung gegenüber der Welt, in der wir leben, übernehmen. Das bedeutet, auch fremden Mitmenschen nicht absichtlich Negatives oder Destruktives entgegenzubringen und unsere Umwelt nicht absichtlich zu beschädigen.

In einer Zeit, in der immer mehr Menschen sich in der Opferrolle sehen, müssen wir umdenken. Wir müssen jeder einen Teil Verantwortung für Neuaufbau oder Verbesserung unseres Lebensumfeldes übernehmen. Wir müssen lernen, mündig selbst zu entscheiden und nicht auf eine Entscheidung „von oben" zu warten, Zeichen setzen, das Leben, die Dinge in die Hand nehmen und Mitgestalter der Welt sein.

In einer Zeit, in der immer mehr Menschen sich in der Opferrolle sehen, müssen wir umdenken.

Sicherlich kennen Sie das geflügelte Wort „sein Schicksal in die Hand nehmen". Versuchen Sie zukünftig öfter, eigenverantwortlich zu handeln. Dazu gehören elementare Prinzipien, wie für die eigene Gesundheit und das Alter vorzusorgen und insgesamt mehr Initiative für die eigenen Ziele und Ideale einzusetzen. Verantwortung oder Eigenverantwortung ist keine Erfindung unserer krisengeschüttelten Welt mit Kriegen, zusammenbrechenden Sozialsystemen, Bankenpleiten, Wirtschaftsdebakeln. Bereits im Buddhismus ist der Begriff Verantwortung umschrieben. Karma ist ein Grundprinzip im Buddhismus. Es bedeutet nicht etwa Schicksal, sondern Kausalität, die Interaktion von Ursache und Wirkung: Der Buddhismus sieht jeden Menschen ganz selbstverständlich in der Eigenverantwortung. Dieses Verständnis geht davon aus, dass der Einzelne durch sein bewusstes Tun und Handeln sein Glück findet oder zukünftigen Schmerz und Leid vermeidet. Wer Leid erfährt, hat nach buddhistischem Verständnis in der Vergangenheit die Grundlagen dafür selbst geschaffen. Aus diesem Grund ist es wichtig, nicht nur für sich, sondern auch für andere Gutes zu tun, also Mitverantwortung für sein soziales oder gesellschaftliches Umfeld zu übernehmen. Das deutsche Sozialgesetzbuch hat Eigenverantwortung im Paragrafen 6 SGB XI gar zur Bürgerpflicht gemacht und fordert jeden Einzelnen zur gesundheitsbewussten Lebensführung auf.

Gestalten Sie also Ihr Leben ab heute aktiv und übernehmen Sie nicht nur die Eigenverantwortung dafür, sondern loben Sie sich auch selbst für all das Glück, das Sie durch dieses Handeln erreichen werden.

Verantwortlich ist man nicht nur für das,
was man tut, sondern auch für das,
was man nicht tut.

Laotse

Nehmen Sie sich selbst an

Ein weiteres wesentliches Kriterium ist das „Sich-selbst-Annehmen". Haben Sie sich selbst angenommen und akzeptiert? Sind Sie zufrieden mit Ihrem Aussehen, Ihren Fähigkeiten oder Ihrer gesellschaftlichen Stellung? Alles können Sie selbst nahezu beliebig verändern. Sie können dicker oder dünner werden, blonde oder braune Haare haben, diese oder jene Kleidung tragen. Mit einigen Dingen müssen Sie sich aber aussöhnen. Dies sind die Ihnen von Natur gegebenen Rahmenbedingungen, die Sie nicht

ändern können. Sie müssen Ihr Alter annehmen und körperliche Besonderheiten wie Behinderungen. All dies macht Sie unter Milliarden Menschen einzigartig.
Bitte bedenken Sie, dass es Sie nur ein einziges Mal hier auf der Erde gibt. Nehmen Sie sich selbst an, wie Sie sind. Wenn Ihnen etwas nicht an sich gefällt, dann ändern Sie es, sofern es veränderbar ist. Ansonsten nehmen Sie es als ganz persönliche und exklusive Eigenart an. Es ist für Sie wichtig, dass Sie Ihre Person und Ihren Körper und auch Ihre gesellschaftliche Stellung nicht abwerten. Vermeiden Sie zukünftig Sätze, die mit „Dafür bin ich zu dick, alt, klein, nicht schlau, reich, stark genug“ beginnen!
Versuchen Sie stattdessen zu analysieren, wie gut Ihre Chancen sind, den Herausforderungen des Lebens gerechtzuwerden. Beispielsweise ist das Laufen eines Marathons in jedem Alter eine Leistung. Natürlich läuft der Ältere etwas langsamer als der Jüngere. Ins Verhältnis gesetzt können Sie aber in jedem Alter eine fabelhafte Leistung bei allem erbringen. Haben Sie auch Mut, Ihr eigenes Mittelmaß anzunehmen. Mittelmäßig wird die eigene Leistung sowieso erst im Vergleich mit anderen. Hören Sie einfach auf, Vergleiche zu ziehen.

Hören Sie auf, sich mit anderen zu vergleichen.

Anstatt ständig das eigene Licht unter den Scheffel zu stellen mit den kleinlauten Feststellungen, dass Sie dies oder jenes nicht oder nur unzureichend können, sollten Sie sich ab sofort selbst für alle Situationen, in denen etwas plan-

mäßig gelungen ist, und auch für Situationen, in denen etwas schief ging, ein dickes Lob aussprechen.
Beispielsweise fuhr ich letzte Woche im Stadtverkehr fast auf ein stehendes Auto auf, weil ich beim Spurwechsel zu lange nach links geschaut hatte. In der letzten Sekunde konnte ich das Lenkrad herumreißen und in eine Lücke auf der nächsten Fahrspur ausweichen. Nach einem tiefen Durchatmen war ich schon versucht, mich selbst für dieses dusselige Verhalten zu kritisieren. Stattdessen habe ich laut im Auto zu mir gesagt: „Super hast du das gemacht. Du hast eine Reaktionsschnelligkeit wie ein Rennfahrer." Ich musste über mich schmunzeln und war richtig fröhlich.
Natürlich hätte ich auch denken können: „Mensch war das knapp, das hätte böse ausgehen können, du hättest bei 70 km/h schwer verletzt sein können, wenn es zu einem Unfall gekommen wäre." Der Tag wäre sicherlich im Eimer gewesen, und ich hätte womöglich auch noch am Abend darüber gegrübelt, warum ich so unaufmerksam gewesen bin. Am Ergebnis hat doch nur die erste geschilderte Reaktionsweise etwas geändert.
Das soll Sie beileibe nicht dazu anhalten, alles durch die rosarote Brille zu sehen. Aber ich möchte Ihnen die Chance geben, auch kleinere Unglücke und missratene Tage, Enttäuschungen von anderen Menschen und nicht zuletzt auch die Unvollkommenheit Ihres Menschseins anzunehmen. Denn sonst werden alle diese Dinge, die nicht gelungen sind, Ihre bohrenden und stets im Hintergrund schwelenden Selbstvorwürfe, Ihren Körper in einem dauernden

Alarmzustand halten. Dieser Zustand ist der ideale Nährboden für eine Menge unangenehmer Krankheiten.
Nehmen Sie sich, Ihren Körper, Ihr Aussehen und all Ihre kleine Fehler an. Seien Sie einmal Sie selbst und leben Sie Ihr eigenes Leben. Hören Sie auf, Geist und Körper ständig auf mögliche Mängel und Fehler zu belauern, sondern freuen Sie sich darüber, dass der Rest bestens funktioniert. Freuen Sie sich am Leben, entdecken Sie Ihre Sinnlichkeit und Körperlichkeit. Gehen Sie in die Natur oder ins Straßencafé.

Nehmen Sie sich, Ihren Körper, Ihr Aussehen und all Ihre kleine Fehler an.

Legen Sie Wellnesstage ein, an denen Sie sich nur Gutes tun. Was Sie wollen, können Sie tun. Krankheiten oder vermeintliche Krankheiten werden aus dem lebensdominierenden Vordergrund im Hintergrund, quasi in der Versenkung verschwinden, und Ihr Alltag wird erfüllter und automatisch positiver.
Erfreuen Sie sich der Dinge, die Sie können und haben, und trauern Sie nicht um Dinge, die Sie nicht können oder nicht haben. Seien Sie einmal der wichtigste Mensch in Ihrem Leben. Seien Sie wichtiger als Ihr Ehepartner und wichtiger als Ihre Kinder. Tun Sie zukünftig auch einmal ein paar Dinge für sich ganz allein. Verteidigen Sie diese Dinge gegen die Ansprüche Ihrer Familie und erklären Sie, dass es wichtig für Sie ist, auch einmal etwas allein zu tun.
Als kleine Übung zum Abschluss dieses Kapitels möchte ich Ihnen auftragen, einen schönen Sonntag zu verbringen.

Inbegriffen sollte Bewegung sein mit Spazierengehen oder Radfahren sowie der Besuch eines Restaurants oder eines Biergartens. Vergessen Sie an diesem Tag einmal alle Ihre Befürchtungen, alle anderen Familienmitglieder, die an diesem Sonntag nicht dabei sind, und alle anderen beruflichen wie privaten Sorgen. Ich möchte Sie dazu ermuntern, sich von der Bewegung redlich erschöpfen zu lassen. Passen Sie diese also Ihrem persönlichen Leistungsvermögen an.

Während Sie diesen Sonntag verbringen, achten Sie auf andere Gäste im Biergarten und andere Spaziergänger. Schauen Sie jungen Paaren oder Familien nach und sagen Sie sich: „Endlich kann ich so leben wie alle anderen, die ich vorher beneidet habe. Ich kann hinausgehen, ich kann laufen und mich meines Lebens freuen. Das werde ich zukünftig regelmäßig machen.“ Diese kleine Übung wird dazu beitragen, dass Sie viel bewusster mit sich umgehen.

Wenn Sie sich selbst nicht mehr mögen und vielleicht an sich zweifeln, wenn Sie verzagt sind und glauben, dass Sie nichts schaffen, dann schreiben Sie sich einfach mal ein Empfehlungsschreiben. Nehmen Sie sich einen großen Zettel und beginnen Sie sich selbst zu empfehlen. Schreiben Sie dort hinein, was Sie können, was Sie in Ihrem Leben geleistet haben, was Sie gelernt haben. Schreiben Sie hinein, für wen Sie Sorge getragen haben, wem Sie Gutes getan haben. Erwähnen Sie

Wenn Sie an sich zweifeln und glauben, dass Sie nichts schaffen, dann schreiben Sie sich einfach mal ein Empfehlungsschreiben.

Ihre Fähigkeiten und Kenntnisse, Ihre Hobbys und Vorlieben. Schreiben Sie so, als ob Sie einem Geschäftsfreund einen liebgewonnen Menschen als neuen Mitarbeiter ans Herz legen wollten. Dann lesen Sie Ihr Schreiben durch und nehmen zur Kenntnis, was Sie bisher im Leben alles gemeistert und geleistet haben.

Diesen Zettel können Sie immer wieder lesen, wenn Ihnen danach ist. Sie werden sich wundern, was auf solch einem Zettel an positiven Eigenschaften zusammenkommt. Damit lernen Sie sich nicht nur besser kennen, sondern auch schätzen.

Glücklich ist, wer das Älterwerden akzeptiert

Kennen Sie das auch? Sie gehen durch die Fußgängerzone und sehen überall Menschen beim Smalltalk. Jeder trifft einen, den er kennt, und schon geht das Erzählen los: „Ach, mir geht es ja so schlecht, meine Bandscheibe … Der Doktor hat gesagt … Das ist einfach ungerecht …“ Nicht selten folgt die einschlägig Antwort: „Da geht es Ihnen ja vergleichsweise noch gut … Wissen Sie, was mir neulich …“ Horchen Sie einmal hin – jeder Zweite spricht über seine Krankheiten oder die Krankheiten in seiner Familie. Nicht selten sind auch Probleme am Arbeitsplatz und Arbeitslosigkeit das Thema solcher Gespräche. Der Mensch bearbeitet seine Ängste, indem er sich Leidensgenossen sucht.

Der Mensch bearbeitet seine Ängste, indem er sich Leidensgenossen sucht.

Leider beginnt ab 30 der langsame und schleichende Abbauprozess in unserem Körper. Es fällt uns auf, dass wir uns nach und nach verschleißen. Wirklich verhindern können wir diesen Prozess nicht, aber wir können ihn aufhalten und sollten ihn vor allem akzeptieren. Viel Sport, eine gesunde Ernährung und einfach unser Leben genießen – das ist das Rezept. Lebensfreude, Liebe, Sex, berufliche und private Zufriedenheit, Wellness und geistige Aktivität erhalten uns unsere Leistungsfähigkeit bis ins höhere Alter.

Manche Defizite an unserem Körper, die im Laufe der Jahrzehnte entstehen, sollten wir einfach akzeptieren. Wenn wir uns einst beim Skifahren die Bänder im Knie überdehnt haben und seitdem auf das Skifahren verzichten mussten, dann ist das etwas, womit man ein durchaus normales Leben führen kann. Viele Menschen klagen und lassen sich bei jedem kleinen Defekt sofort operieren, weil sie mit derlei Verlusterlebnissen nicht umgehen können.
Viele Erkrankungen, die uns nur geringfügig einschränken, können wir einfach durch eine Verhaltensänderung kompensieren. Wer zum Beispiel einen Bandscheibenvorfall hat, der konservativ behandelt wurde und seit einigen Wochen oder Monaten schmerzfrei ist, sollte damit leben. Dass heißt, ich muss Abschied von der Vorstellung nehmen, so stark und leistungsfähig zu sein, wie ich es vorher war. Akzeptieren und loslassen ist eine adäquate Strategie, operieren wäre die weitaus aufwendigere und gefahrenträchtigere.

Viele Erkrankungen, die uns nur geringfügig einschränken, können wir einfach durch eine Verhaltensänderung kompensieren.

Vieles, was sich an kleinen körperlichen Mängeln im Laufe unseres Lebens ergibt, muss nicht wirklich kuriert oder operiert werden. Die abenteuerliche Reise durch Praxen und OPs können wir uns bei dem gebrochenen kleinen Zeh oftmals ersparen. All das Klagen über Kopfweh ändert es auch nicht. Dass man dauernde Kopfschmerzen einmal ordentlich beim Arzt abklären lassen sollte, dürfte jedem klar sein. Findet dieser glücklicherweise nichts, was die Kopfschmerzen verursacht, dann sollten wir selbst die Verantwortung übernehmen: Prüfen Sie alle Rahmenbedingungen. Wann treten Ihre Kopfschmerzen auf, was kann sie verhindern, was sollten Sie niemals tun, um keine Kopfschmerzen zu haben? Führen Sie bei diesen Gesundheitsstörungen eine Art kleines Tagebuch. Vielfach werden Sie dann feststellen, dass es irgendeine Ursache für das Auftreten von Kopfschmerzen gibt, die entweder in einem bestimmten Rhythmus auftreten, oder eine Lebensgewohnheit, die die Schmerzen begünstigt. Recherchieren Sie im Internet, was Sie gegen diese Kopfschmerzen tun können. Mit diesen kleinen Maßnahmen haben Sie sich bereits in eine Lösungsorientierung begeben.

In der Zeitspanne zwischen Geburt und Tod werden wir viele kleinere oder größere Mängel an uns entdecken. Vieles können wir annehmen und dafür Bewältigungsstrategien entwickeln. Schlimme Erkrankungen hingegen benötigen unsere ganze Kraft und Hinwendung.

Über die kleineren Mängel Ihres Körpers sollten Sie sich nicht allzu oft auslassen. Beklagen Sie sich nicht, sondern entwickeln Sie Strategien, um die kleinen Mängel zu kompensieren oder sich selbst darauf zu kompatibilisieren. Lassen Sie die anderen an der Straßenecke jammern und freuen Sie sich Ihres Lebens. Sehen Sie das große Ganze, Ihr Leben und nicht nur Ihr Knie oder Ihren Fuß oder andere körperliche Probleme. Dadurch, dass Sie ständig über Ihre Krankheiten

Über die kleineren Mängel Ihres Körpers sollten Sie sich nicht allzu oft auslassen.

reden, ziehen Sie sich selbst herunter, erfahren bedauernde Zuwendung von dritter Seite und unterhalten dann möglicherweise Ihre Krankheit noch durch den entstehenden sekundären Krankheitsgewinn. Unser Unbewusstes merkt sich sehr gut die Zuwendung und Anteilnahme der Mitmenschen und sieht das als erstrebenswerten Zustand an.

Im Übrigen bringt das Jammern auch keinerlei konstruktiven Vorteil und keine Problemlösung. Nehmen wir einmal an, Sie haben eine Kollegin namens Else. Else schaut ganz mitleidig, als Sie ihr von Ihren dauernden Kopfschmerzen erzählen. Else gibt Ihnen ganz selbstverständlich einige gut gemeinte Ratschläge. Else ist Buchhalterin. Würden Sie Else vertrauen, wenn sie Ihnen einen Rat gäbe, wie Sie Ihr Auto reparieren könnten? Ihnen erklären würde, wie Sie einen Elektronikfehler an Ihrem Fernseher beheben könnten? Nein, werden Sie sagen. Genau, aber Else ist auch keine Ärztin, oder? Ihr Rat nützt Ihnen nicht viel. Selbst wenn sie Ärztin wäre, wüsste sie wahrscheinlich nichts, was Ihre Kopfschmerzen dauerhaft und auf Nimmerwiedersehen verschwinden lassen könnte.

Sie sehen, es ist sinnlos, sich mit Laien über Krankheiten auszutauschen. Dadurch, dass Sie darüber reden, verändert sich nichts am Problem. Wenn Sie das Gefühl haben, sich über Ihre Besorgnisse und Befindlichkeitsstörungen austauschen zu wollen, dann können Sie mit Ihrem Arzt, Therapeuten oder Heilpraktiker viel effektivere Gespräche führen, die dazu auch noch etwas an Ihrer Krankheit oder gesundheitlichen Störung ändern werden.

Bleiben Sie auch im Fall von Krankheit positiv eingestellt. Glauben Sie an Heilung und Besserung der eingeschränkten Funktion. Glaube versetzt nicht nur Berge, er sorgt auch für eine schnellere Heilung. Eine aktuelle Studie aus den USA weist nach: Ist man krank, beschwert sich über die Symptome seiner Krankheit und hadert mit ihnen, dann verstärkt man die Symptome damit häufig noch. Jammern macht also offenbar eine ohnehin schon unangenehme Sache nur noch schlimmer. Grob gesagt handelt es sich dabei um das „Gesetz der Anziehung", nach dem wir mehr von dem erhalten, womit wir uns gedanklich überwiegend beschäftigen. Gleiches zieht Gleiches an. Wird ein Gedanke beständig aufrechterhalten, hilft unser Unterbewusstsein uns dabei, diesen zu manifestieren. Denken Sie an Gesundheit, dann werden Sie höchstwahrscheinlich schneller gesund sein, denken Sie an Krankheit und fokussieren den ganzen Tag nichts als Ihre Symptome, dann werden Sie wahrscheinlich länger krank sein. Jammern und kritisieren Sie nur noch, wenn das Jammern oder Kritisieren auch eine positive Veränderung hervorrufen kann, also konstruktiv wirkt.

Die Kunst des Lebens besteht darin, einen Mittelweg zwischen Lebensgenuss und Verdrängung der in uns wohnenden Angst vor Alter, Krankheit und Tod zu beschreiten.

Die Kunst des Lebens besteht darin, einen Mittelweg zwischen Lebensgenuss und Verdrängung der in uns wohnenden Angst vor Alter, Krankheit und Tod zu beschreiten. Das lässt uns die kleinen Mängel vergessen und nimmt uns die Angst vor dem Älterwerden. Das richtige Maß besteht darin, das Älterwerden zu akzeptieren, Abstriche zu machen und dem Älterwerden so gut es geht mit Fitness, guter Laune und gesundem Lebensstil aus dem Weg zu gehen.

Aber selbst bei bester Vorsorge und gesündestem Leben werden wir wohl nicht das ewige Leben bekommen. Wir müssen es hinnehmen und jeden Tag die trüben Gedanken mit positiven Aspekten des Lebens kompensieren. Viele Gerontologen gehen davon aus, dass man es durchaus auf bis zu 120 Jahre bringen kann. Der Cambridge-Professor Audrey de Grey hingegen meinte, man könne zukünftigen Generationen mittels Gentechnologie bis zu 250 Lebensjahren verhelfen. Wie dem auch sei, jammern Sie nicht mehr über die kleinen Mängel Ihres Körpers oder Ihres Lebens, sondern versuchen Sie jedem Tag die Chance zu geben, der beste Ihres Lebens zu werden, ohne darauf zu warten, dass erst bessere Umstände eintreten, denn die Spekulation auf bessere Umstände, auf mehr Gesundheit hält uns vom Leben ab.

Nicht den Tod sollte man fürchten, sondern,
dass man nie beginnen wird, zu leben. Marc Aurel

Zufriedenheit als Grundpfeiler für Glück

Von allen Arten des Reichtums ist der Reichtum der Zufriedenheit der beste. Selbst ohne den Besitz materieller Güter ist man reich, wenn man zufrieden ist.

Buddhistischer Spruch

Schaut man ins Lexikon, dann bedeutet Zufriedenheit einfach, mit den Lebensumständen einverstanden zu sein und keine Wünsche zu haben. Das würde im Umkehrschluss bedeuten, dass Menschen, die sich Ziele gesetzt haben und nach weiterem Erfolg streben, grundsätzlich unzufrieden sein müssen, oder? Diese Definition ist also nicht ganz richtig, denn zufrieden zu sein heißt nicht, den Hunger auf Neues, auf Erfolg und Glück zu verlieren. Zufriedensein heißt, mit sich, den Umständen und der Welt im Einklang zu sein. Zufriedenheit ist eine Momentaufnahme im Hier und Jetzt. Sie können zufrieden sein und trotzdem nach Höherem streben. Es ist sogar sehr wichtig für eine dauerhafte Zufriedenheit, dass Sie Ihre Ziele definiert haben und wissen, wo es in Ihrem Leben langgehen soll.

Zufrieden sein ist ein wichtiger Grundpfeiler der physischen und psychischen Gesundheit.

Zufrieden zu sein ist ein wichtiger Grundpfeiler der physischen und psychischen Gesundheit. Lernen Sie auf Ihrem Weg zum Glück, immer mit dem zufrieden zu sein, was Sie gerade erreicht haben. Sagen Sie sich, dass Sie froh sind, einiges erreicht zu haben, sich aber dennoch freuen würden, ein weiteres Ziel zu erreichen. Damit nehmen Sie sich die Angst vor dem Stillstand, denn selbst der Stillstand mit dem gerade Erreichten würde Sie ja schon froh machen. Bedauern Sie nicht, was Sie nicht haben. Nörgeln Sie nicht über Unzulänglichkeiten in Ihrem Umfeld. Machen Sie jeden Morgen eine kleine Zufriedenheitsübung, indem Sie sich selbst einen guten Morgen wünschen und sich über Ihre Gesundheit freuen, über etwas Witziges vom Vortag lachen, sich die schönen Momente des kommenden Tages vorstellen und sich einfach auf den Tag freuen.

Ein schönes Denkmodell, um die eigene Zufriedenheit zu definieren, heißt „die Welt und du“. Wenn wir die Weltbevölkerung auf 100 Menschen in einem globalen Dorf einschränken würden, so würde diese sich wie folgt zusammensetzen: Es gäbe 57 Asiaten, 21 Europäer, 14 aus Nord-/Südamerika und acht Afrikaner. Wir wären 51 Frauen und 49 Männer, 70 wären Nichtchristen, 30 wären Christen; 50 Prozent aller Reichtümer gehörten sechs Menschen, die alle aus den USA kommen würden. Die Behausung von 80 wäre in einem schlechten Zustand, 70 wären Analphabeten, 50 würden an Unterernährung leiden, und nur einer hätte einen Hochschulabschluss. Keiner hätte einen PC. Einer würde sterben, zwei würden geboren werden.

Schauen Sie sich diese Welt einmal genauer an. Insofern Sie leben, gut ernährt sind, eine einigermaßen zufriedenstellende Behausung und zumindest eine Volksschulbildung haben und in der Lage sind, dieses Buch zu lesen, dann haben Sie mehr, als die überwiegende Mehrheit der Weltbevölkerung überhaupt hat. Danach dürften Sie völlig zufrieden sein. Theoretisch geht es Ihnen also gut. Sie leben in der ersten Welt, haben eine gute Ausbildung, einen Job, eine gute medizinische Versorgung und – wahrscheinlich – eine schöne Wohnung. Seien Sie froh!

Selbst wenn Sie mit etwas ganz und gar nicht einverstanden sind in Ihrem Leben, sozusagen unzufrieden mit einer Situation sind, dann können Sie diese auf konstruktive Weise ändern. Viele unzufriedene Menschen wissen nicht einmal, womit sie speziell unzufrieden sind. In einem destruktiven Rundumschlag ist für diese Menschen „alles schlecht". Damit Sie aber überhaupt etwas in Ihrem Leben verändern können, müssen Sie es auch erkennen und benennen können. Nur so hat Unzufriedenheit auch einen kleinen Sinn. Sie kann uns anspornen, Situationen eigenverantwortlich zu ändern.

Unzufriedenheit kann uns anspornen, Situationen eigenverantwortlich zu ändern.

Schreiben Sie sich genau auf, womit Sie in Ihrem Leben nicht ganz zufrieden oder sogar unzufrieden sind. Schreiben Sie alles nieder, was Ihnen nicht passt. Das könnte z. B. so aussehen:

Ich bin unzufrieden mit:

a meiner Arbeit

b meiner Partnerin/meinem Partner

Dann spezifizieren Sie diese Felder der Unzufriedenheit:

a – zu wenig Gehalt
  – zu langweilige Arbeit
  – keine Erfüllung
  – zu viele Überstunden

b – zu wenig Sex
  – zu wenig Zeit für gemeinsame Unternehmungen
  – er/sie versteht mich nicht

Schreiben Sie sich nun alles auf, was Sie gegen diese Unzufriedenheit oder Unzulänglichkeit tun können:

a – Gespräch mit dem Vorgesetzten
  – eigenen Bezugsrahmen verändern, die Arbeit in einem größeren Sinn sehen, weniger Überstunden machen, innerhalb des Betriebs einen anderen Platz einnehmen, eine Weiterbildung machen, einen neuen Arbeitsplatz suchen

b – mehr Zeit für Gespräche
  – Gefühle und Unzufriedenheit offen und konstruktiv ansprechen
  – gemeinsamen Urlaub planen
  – Hausarbeiten gemeinsam machen, um mehr gemeinsame Zeit zu haben
  – einen ganz besonderen Tag/Abend gestalten, z. B. gemeinsam alte Fotos anschauen

Nun haben Sie eine erste Evaluationsmöglichkeit und werden sehen, ob und wie es möglich ist, in Ihrer Partnerschaft oder in der Arbeit etwas zu verändern, damit Sie zufriedener sein können.
Wollen Sie wissen, ob Sie mit sich selbst zufrieden sind? Sie können sich selbst einen kleinen Test erarbeiten.

Zufriedenheitstest

Schreiben Sie sich ca. 50 positive Eigenschaften auf, die Menschen als Persönlichkeitsmerkmale haben könnten, etwa: gut aussehend, charmant, attraktiv, gebildet, tolerant, zielstrebig, leistungsorientiert, gutmütig, stark, freundlich, umgänglich, freigiebig, großzügig, mutig, extrovertiert, weltoffen, verantwortungsbewusst, treu sorgend, erfolgreich ...
Wenn Sie diese 50 Eigenschaften aufschreiben, dann denken Sie dabei noch nicht an sich, sondern ganz allgemein. Welche 50 Eigenschaften an Menschen halten Sie für die herausragendsten?

Wenn Sie nun diese 50 Charaktereigenschaften niedergeschrieben haben, beginnt der eigentliche Zufriedenheitstest. Kreuzen Sie all diejenigen Eigenschaften an, von denen Sie glauben, dass diese auf Sie zutreffen. Im dritten Schritt des Tests kreuzen Sie alle Eigenschaften an, von denen Sie sich wünschen würden, dass Sie auf sie zuträfen.

Nun teilen Sie die Eigenschaften, die auf Sie zutreffen, durch die Anzahl der Eigenschaften, die Sie gern hätten. Beispielsweise treffen 30 von 50 Eigenschaften auf Sie zu, und fünf kreuzen Sie an, die Sie gern hätten. Nun teilen Sie 30 durch fünf und erhalten das Ergebnis sechs. Vielleicht treffen auch nur 35 Eigenschaften auf Sie zu, und Sie hätten gern zehn neue dieser Eigenschaften aus der Liste. Nun teilen Sie 25 durch zehn und erhalten die Zahl 2,5.

Die Auflösung ist ganz einfach: Sobald Sie besser abschneiden als mit sechs, können Sie sich als superzufrieden mit sich selbst betrachten. Bei jedem Ergebnis schlechter als vier sollten Sie an Ihrem Selbstbild arbeiten. Ergebnisse unter zwei bedeuten, dass Sie eigentlich sehr unzufrieden mit sich selbst sind und prüfen müssen, was zu verändern ist, damit Sie sich besser leiden und akzeptieren können.

Sie können diesen kleinen Test auch so durchführen, dass Ihr Partner oder Ihre Partnerin die 50 Eigenschaften aufschreibt und Sie dann aus diesen Ihre Wahl treffen.

Zufrieden sein ist große Kunst,
zufrieden scheinen bloßer Dunst,
zufrieden werden großes Glück,
zufrieden bleiben ein Meisterstück. Unbekannte Quelle

Krisen sind auch Chancen

Keine Angst, jetzt kommt nicht das Beispiel vom halb leeren oder halb vollen Glas. Es geht vielmehr darum, keinen unnötigen negativen Ballast im Geist mit herumzuschleppen. Oft wird uns gar nicht bewusst, wie negativ oder destruktiv wir denken. Oft beschäftigen wir uns vielleicht mit der Angst vor dem Tod, haben Angst vor Krankheit oder davor, arbeitslos oder mittellos zu werden. Wir denken fatalistisch und sehen vor unserem inneren Auge ein Krisenszenario nach dem anderen.

Die Kräfte unseres Unterbewusstseins haben Sie in den vorausgegangenen Kapiteln bereits kennengelernt. Versuchen Sie einfach, sich mit positiven Dingen zu beschäftigen. Dann werden Sie definitiv glücklicher leben. Konditionieren Sie sich mit den guten Details des Alltags. Sehen Sie genau hin, wenn es regnet. Vielleicht gibt es ja irgendwo einen Silberstreifen am Horizont. Vielleicht genießen Sie den verregneten Sonntag auch, um einmal Fotos zu ordnen, Gedichte zu schreiben, Schuhe zu putzen, zu faulenzen, zu meditieren, sich etwas Schönes zu kochen … Seien Sie pragmatisch und suchen Sie den positiven Nutzen an allen wie auch immer gearteten Zuständen. Wechseln Sie von der Problemorientierung in eine Lösungsorientierung. Ein Problem ist ein Hindernis, das von einer unbefriedigenden Ausgangsbasis zu einem befriedigenden Ziel gebracht werden soll. Die Frage ist aber, ob wir überhaupt alle Probleme beseitigen müssen oder nicht manche Probleme einfach akzeptieren oder neu denken können.

Sehen Sie Chancen in den Krisen unseres Lebens – statt Probleme.

Es gibt Menschen, die so sehr problemorientiert sind, dass – wenn sie unablässig klagen – sie sogar noch Argumente gegen mögliche Lösungen parat haben, wenn man ihnen eine Lösung bietet. Neulich sprach ich mit einer Bekannten, die unablässig darüber jammerte, dass in ihrem Leben alles so furchtbar trostlos sei. Auf meine Nachfrage brachte sie viele Negativbeispiele von Scheitern, Unglück, Krankheit. Ganz bemüht, aber dennoch privat und nicht als Therapeut, gab ich ihr den einen oder anderen Rat, Situationen vorteilhaft zu verändern. Sie strengte sich sehr an, mir auf jeden Rat die entsprechenden plausiblen Argumente zu geben, warum diese Lösung nicht funktionieren könne. Die Frau war in einer starken Problemorientierung. Stellen Sie sich einen Kreis aus Fußspuren im weichen Untergrund vor. Die Spuren werden immer tiefer, weil der Problemorientierte seine unablässig gleichen Runden dort dreht: „Ich habe ein Problem." Wenn er nur einen winzigen Schritt zur Seite machen und sagen würde „Was kann ich tun, um aus dieser Schwierigkeit herauszukommen? Wer oder was könnte mir dabei helfen?", wäre er bereits in der Lösungsorientierung und fände sicher Mittel und Wege, seine Lage zu verbessern.

Aber was ist nun eigentlich ein Problem? Des einen Problem ist für einen anderen oft nicht einmal eine kleine Schwierigkeit. Das Problem entsteht insoweit oft nur durch eine bestimmte Perspektive, die wir haben. Haben Sie schon einmal darüber nachgedacht, dass ein vermeintliches Problem durch Wechsel der Perspektive eine Lösung für einen anderen Sachverhalt darstellen kann, sich in nichts auflöst oder neue Erkenntnisse bereitstellt?

Es gibt Menschen, die einen generalisierten Problemfokus haben und einfach alles in ihrem Leben, wie Familie, Arbeit und Freizeit, als Last empfinden. Sie sollten einmal aufschreiben, was alles an ihrer Arbeit und an ihrer Familie so bleiben soll, wie es ist, oder was alles momentan geschieht, von dem sie wünschen, dass es weiter geschieht. Diese Menschen kommen dann sehr oft zu der Erkenntnis, dass sie eigentlich am liebsten alles so belassen möchten, wie es ist – das Problem löst sich damit oft.

Gehören Sie vielleicht zu einer anderen Gruppe von Problematikern? Haben Sie bereits vieles versucht, um Ihr ganz spezielles Problem zu lösen, und es änderte sich einfach nichts? Hören Sie einfach auf mit dem, was Sie bisher getan haben, um das Problem zu lösen. Beginnen Sie damit, andere Dinge zu tun, die offenkundig gar nichts mit dem Problem zu tun haben. Dadurch wird Ihre Fixierung auf die Lösungssuche aufgehoben, und Kreativität und Zufall können als ungeplante Hilfe auftauchen. Es gibt doch in Ihrem Leben auch noch etwas anderes als dieses Problem, oder?

Darf ich Ihnen die Wunderfrage stellen? Steve de Shazer, ein berühmter amerikanischer Familientherapeut, hat sie erfunden. Die Grundannahme ist, dass allein die Beantwortung der Frage „Woran werden Sie merken, dass Ihr Problem gelöst ist?" Veränderungen anregt, da durch sie Potenziale zur Lösungsfindung aktiviert werden.

Tun Sie jetzt also einfach mal so, als ob das Problem bereits gelöst wäre. Woran würden Sie oder andere erkennen, dass das Wunder passiert ist und Ihr Problem morgen früh beim Aufwachen nicht mehr vorhanden ist? Wenn Sie diese Frage einmal ehrlich beantworten, werden Sie die Lösung für Ihr Problem bereits in Händen haben. Beispiel:

„Ich werde viel lockerer sein und lachen." Also: Seien Sie ab sofort lockerer und lachen Sie. Die Beantwortung dieser Wunderfrage bringt oft interessante Effekte mit sich, etwa dass das Ziel bereits erreicht ist und man es bloß noch nicht bemerkt hat.

Eine weitere kleine und wichtige Übung gegen Probleme ist folgende: Machen Sie sich klar, was Sie alles verlieren, wenn Sie das Problem beseitigt haben. Bedenken Sie, ob Sie durch den Wegfall des Problems einen Nachteil haben. Prüfen Sie, ob das Problem eine gute Lösung für weitaus schlimmere Umstände sein könnte. Das Loslassen von den unablässigen Lösungsversuchen entspannt Sie vielleicht so gut, dass die Lösung von selbst eintritt.

Verändern Sie Ihre Wahrnehmung, indem Sie nicht mehr auf das Problem schauen. Falls das Problem wieder auftritt, dann machen Sie einmal etwas ganz anderes als sonst. Gehen Sie aus dem Haus, nehmen Sie ein Bad oder gehen Sie einfach mal in den Keller. Diese Strategie nennt man Separator, sie schafft einen Abstand zwischen dem Problem und Ihrem Selbst. Nachdem Sie etwas anders gemacht haben, dürfen Sie wieder wie gewohnt auf das altbekannte Problem reagieren.

Verändern Sie Ihre Wahrnehmung, indem Sie nicht mehr auf das Problem schauen.

Eine weitere Strategie, ein Problem zu beseitigen, ist es, sich zu überlegen, wie andere Personen darauf reagieren würden. Was würden andere tun, um es zu beseitigen? Oft kommen Sie hier zu eindrucksvollen Lösungen, die nicht zu Ihrem eigenen gewohnten Repertoire gehören. Anstatt in Problemen zu denken, versuchen Sie ab sofort, Chancen zu sehen. Überlegen Sie: Welche inzwischen vielleicht sogar positive Entwicklung wäre nicht eingetreten, wenn Sie das Problem nicht gehabt hätten? Schwierigkeiten, die in unserem Leben entstehen, sind oft für etwas gut und führen zu Veränderung und Entwicklung an uns selbst.

Vielleicht werden Sie einwenden „Wie kann ich positiv denken, wo es mir doch so schlecht geht/ich sehr krank bin ...?" Eines der wichtigsten Worte, um schwere Schicksalsschläge zu überstehen, heißt Coping-Strategie, also Bewältigungsstrategie. Die Befragung vieler schwerstverletzter Unfallopfer, die jahrelang unter den Folgen eines Schicksalsschlags litten, erbrachte einige überraschende Erkenntnisse: Die, die immer und immer wieder versuchten, der Krise etwas Positives abzugewinnen, also dem Schicksalsschlag einen Sinn zu geben, waren definitiv glücklicher und führten nach einiger Zeit ein relativ zufriedenes Leben.

Zu den Bewältigungsstrategien nach einer überstandenen schweren Krankheit gehört es, die Krankheit als Lebenswende, als Veränderungsereignis in das neue Leben zu integrieren. Es wäre falsch, zu hadern und mühsam am alten Lebensstil festzuhalten. Eine überstandene Krankheit kann die Basis für ein neues Leben sein. Auch wenn eine Krankheit erst einmal nichts Positives ist, so kann sie doch in diesem Fall für den Betroffenen sinngebend sein, um neue Ziele

Eine überstandene Krankheit kann die Basis für ein neues Leben sein.

zu erreichen. Wir müssen Abschied nehmen vom Hoffen auf Gerechtigkeit und immer bereit sein, jeden Tag in seiner Veränderung als Ausgangsbasis für ein neues Leben hinnehmen zu können. Fragen wie „Warum gerade ich?“ führen nicht weiter, wohl aber Fragen wie „Was kann ich jetzt tun, damit es weitergeht?“

Das erlittene Trauma muss selbstverständlich physisch und psychisch behandelt und bearbeitet werden. Es steht aber nichts einem weiteren glücklichen Leben entgegen. Sportler gewinnen bei den Paralympics Medaillen und sind auch mit ihrem Handicap glücklich. Chancen zu sehen inmitten der Krise gibt Menschen die Kraft, weiterzumachen und neue Herausforderungen zu suchen. Vorwärts gehen im „walk of life“, immer weiter und weiter … Die Welt ist nicht grundsätzlich ein gerechter und sicherer Ort. Unglück findet statt. Trotzdem müssen wir lernen, unsere Ängste zu besiegen und die Kraft, die wir für Ängste aufbringen, in positive vorwärtsgerichtete Energie umzuwandeln.

Wir müssen lernen, unsere Ängste zu besiegen und sie in positive vorwärtsgerichtete Energie umzuwandeln.

Viele Menschen nehmen nach einer solchen Krise eine neue Lebensaufgabe an, durchlaufen eine Metamorphose, lernen zu verzichten. Oft ergreifen sie nach derlei Schicksalsschlägen einen neuen Beruf, nicht selten im beratenden oder helfenden, karitativen oder medizinischen Bereich. Viele Traumatisierte haben den großen Wunsch, ihre neuen Lebensstrategien und ihren neuen Lebensmut auch anderen in ähnlicher Lage beizubringen. Denken Sie immer in Chancen.

Erfahrungen geben uns das Vertrauen in unsere alltäglichen Handlungen

Was auch immer in Ihrem Leben passiert, es passiert Ihnen nicht, weil Sie es sind, sondern als Kausalität von Handeln oder Sein. Sie müssen kein Meister im Positivdenken sein, um ab sofort glücklicher zu leben. Es reicht für den Anfang, wenn Sie eine gesunde Distanz zum Negativdenken haben. In allen Situationen, in denen Sie unsicher sind, denken Sie einfach kurz an all die Situationen in Ihrem Leben, die Sie bereits früher gut gemeistert haben. Das wird Ihnen Selbstvertrauen und Hoffnung geben.

Verlassen Sie sich ab sofort instinktiv auf Ihr Bauchgefühl. Ihre Erfahrung und Handlungsfähigkeit sind berechenbare Größen, die Sie einschätzen können.

Verlassen Sie sich ab sofort instinktiv auf Ihr Bauchgefühl.

Vieles, was wir tun, tun wir in Mustern, die wir in unserem Leben gelernt und verinnerlicht haben. Diese Muster funktionieren immer gleich gut. Beispielsweise bremsen Sie an einer roten Ampel automatisch, ohne darüber nachzudenken, warum. Das funktioniert immer gleich gut. Wie sinnlos wäre es also, sich zu fragen, ob es passieren könnte, ein rotes Licht zu überfahren. Klar kann das passieren, aber die meisten Rotfahrer fahren absichtlich bei Rot – nicht aus Unaufmerksamkeit. Erwarten Sie ab sofort einfach, dass Ihr Gehirn ein genau einstudiertes Programm abspult, das Sie zuvor einmal erlernt haben. Dazu kommt eine große Portion Improvisationstalent, das uns hilft, auch ein Gericht zu kochen, für das wir kein Rezept haben. Wir werden dann intuitiv in unserem Kopf ein Rezept finden, das für ein ähnliches Gericht Gültigkeit hat.

Es gibt keinen Grund, etwas Negatives zu erwarten. Wir haben einen großen Fundus an Erfahrungen, die sich auf ähnliche Problematiken übertragen lassen. So meistern wir unser Leben. Es gibt also keine Notwendigkeit, bereits im Vorfeld einer Sache den Teufel an die Wand zu malen. Mit einer ständigen Angst vor dem Schiefgehen, dem Worst-Case-Szenario, konditionieren Sie sich in äußerst destruktiver Weise. Verlassen Sie sich lieber auf Ihre inneren Kräfte und Ihr Selbstbewusstsein.

Bei allem, was Sie tun, bei jeder Handlung läuft ein Programm in Ihnen ab, welches aus Erlebtem und Erlerntem besteht, zusammengefasst also aus Erfahrung. Diese Erfahrungen geben uns das Vertrauen in unsere alltäglichen Handlungen. Was würden Sie antworten, wenn man Sie fragte, ob Sie die Eigernordwand besteigen könnten? Sie würden wahrscheinlich lachen und sagen, dass das natürlich nicht möglich ist, weil Sie eben kein Bergsteiger sind. Sie haben

Erfahrungen geben uns das Vertrauen in unsere alltäglichen Handlungen.

keinen Erfahrungsschatz, auf den Sie zurückgreifen können. Nicht einmal ähnliche Erfahrungen finden sich in Ihrem Gedächtnis, die sich auf diese Anforderung übertragen ließen. Was würde ein Bergsteiger sagen, der bereits den Mount Everest ohne Sauerstoff bestiegen hat wie Reinhold Messner? Er würde wahrscheinlich sagen „Klar kann ich das, wann soll es losgehen?“. Er würde bei der Schilderung dieser Aufgabe nicht lange an sich zweifeln, sondern in dem Moment kurz auf sein Repertoire an Erinnerungen zurückgreifen. Dabei werden ihm vergleichbare Erfahrungen einfallen, die ihm die Sicherheit geben, sich das Abenteuer zuzutrauen.

Wenn ich Sie jetzt fragen würde „Trauen Sie sich zu, morgen früh mit dem Auto zur Arbeit zu fahren?“, dann würden Sie wahrscheinlich lachen und sagen „Na klar!“, weil Sie genügend Erfahrungen haben und sich darauf verlassen können. Wenn ich Sie fragen würde, ob Sie einen Gabelstapler, Lastwagen oder vielleicht ein Auto mit Anhänger fahren könnten, würden Sie unter Umständen zögern und nachdenken. In diesem Moment läuft Ihre ganz persönliche Suche nach einem Improvisationsprogramm. Genau das, was wir suchen, wenn wir ein Gericht zubereiten, für das wir kein exaktes Rezept haben. Wir suchen in unseren Erinnerungen nach vergleichbaren Mustern, die wir auf die angeforderte Aufgabe übertragen können.

Haben Sie stattdessen bei jeder kleinen Aufgabe oder Herausforderung aufgeregt das Schlimmste vor Augen, wird es möglicherweise auch eintreten. Wie Sie im Kapitel über

Autosuggestion bereits gelesen haben, reagieren wir auch auf negative oder destruktive Suggestionen. Unser Unterbewusstsein wird alles dafür tun, damit das wahr wird, was wir visualisieren – leider auch das Negative.
Vergessen Sie Murphys Gesetz, nachdem alles schiefgeht, was irgendwie schiefgehen kann. Demnach wären wir wahrscheinlich seit Millionen Jahren ausgestorben oder die Erde wäre von einem riesigen Meteoriten zerschlagen worden. Negativdenken ändert nichts an der Situation und macht keine wirkliche Gefahr kleiner, sondern nur größer. Durch Ihr Worst-Case-Denken und die sich daran anschließenden Misserfolge werden Sie vielleicht so ängstlich, dass Sie bald das Haus nicht mehr verlassen werden. Außerdem werden Sie sich durch die Visualisierungen vom Schiefgehen in Ihrer Handlungsfähigkeit lähmen. Vor Aktionen, vor denen wir Angst haben, zögern wir, verhindern so hundertprozentigen Energieeinsatz und versagen. Im Gegensatz dazu wird die Visualisierung, etwas zu können, zu bekommen oder zu erreichen, in jedem Fall zu einem angstfreien hundertprozentigen Einsatz der eigenen Ressourcen führen und allein dadurch bereits weitaus größere Erfolgschancen bieten.

Vergessen Sie Murphys Gesetz, nachdem alles schiefgeht, was irgendwie schiefgehen kann.

Ob Sie glauben, Sie können etwas, oder ob Sie glauben, Sie können etwas nicht – Sie werden immer recht behalten! Nehmen wir noch einmal das Beispiel des Placeboeffekts. Allein der Glaube, etwas trete ganz sicher ein, verhalf den

Kranken zu einer spontanen und schnelleren Heilung als der anderen Gruppe. Der Placeboeffekt ist auf alle Situationen in unserem Leben anwendbar. Aber genauso der Nocebo-Effekt: Haben wir eine negative Erwartungshaltung, kommt es zu einem negativen, schädlichen Einfluss auf unser Unterbewusstsein.

Positiv zu denken heißt, sich selbst und seine Umwelt in einem positiven Sinne wahrzunehmen. Natürlich gibt es Menschen, die mehr oder weniger schicksalsbehaftet sind und aus dem Negativdenken nicht mehr herauskommen. Diese müssen lernen, ihre Stärken zu finden, Chancen in der Krise zu sehen, verbliebene Ressourcen zu aktivieren, erste Erfolge damit zu erzielen und nach und nach wieder an sich zu glauben. Positiv denken oder positiv eingestellt sein heißt für den Boxer nach jeder Runde, in der er zu Boden ging, für möglich zu halten, dass er den Kampf noch gewinnen kann. Auch schlimme Schicksalsschläge lassen uns wachsen. Unter Therapeuten sagt man oft scherzhaft: „Wer etwas ändern will, braucht ein Problem."

Positiv zu denken heißt, sich selbst und seine Umwelt in einem positiven Sinne wahrzunehmen.

Der berühmte Psychologe Viktor Frankl war der Meinung, dass Menschen an Krankheit und Leiden wachsen können. Die „Hammerschläge des Schicksals" seien das, worunter unser Leben Form und Gestalt gewinnt. Schicksalsschläge geben uns nach Frankls Überzeugung die Möglichkeit, wieder eine Stufe höher im Leben zu steigen. Frankl war jüdischer Abstammung, überlebte das Konzentrationslager und machte sich viele Gedanken um den Sinn des Lebens und die Krisen, die wir mehr oder weniger gezeichnet überstehen. Frankls bekanntestes Buch ist „... trotzdem Ja zum Leben sagen". Sinn und Sinnlosigkeit waren für Frankl die Worte, über die er zeitlebens am häufigsten nachdachte. Frankl blieb trotz aller negativen Erfahrungen immer positiv eingestellt.

Positiv denken muss erlernt und gepflegt werden. Erfolge oder gut gelaufene Herausforderungen müssen entsprechend gewürdigt werden: Wir müssen lernen, stolz auf uns zu sein und uns selbst ein Kompliment zu machen, wenn wir etwas sehr gut hinbekommen haben.

Denken Sie im Einklang mit den in Ihnen steckenden positiven Lebenserfahrungen ab sofort nur noch positiv und suchen Sie immer nach den gespeicherten Erfahrungen in sich. Ein Beispiel: Nehmen wir an, Sie seien ein schwacher oder ängstlicher Mensch, und man würde Sie nachts durch den Hamburger Stadtteil St. Pauli oder durchs East End in London schicken. Wie würden Sie reagieren? Sie hätten natürlich ein sehr ungutes Gefühl, angesichts der Gefahren durch Betrunkene, Ganoven und Schläger, die sich unter Umständen dort nachts herumtreiben könnten. Wären Sie nun in Ihrer Jugend ein erfolgreicher Amateurboxer gewesen, dann würden Sie sich guten Gewissens auf Ihre Erfahrungen besinnen und sich zutrauen, selbst auf sich aufpassen zu können. Haben Sie diese Erfahrung nicht, dann können Sie sich immer noch positiv der Herausforderung stellen. „Es wird schon klappen“ wäre ein erster Versuch, positive Erfahrungen zu sammeln. O.k., Sie haben also den Nachtspaziergang durch das wilde Viertel überstanden, obwohl Sie kein Boxer sind. Nun können Sie auf eine weitere Lebenserfahrung zurückgreifen. Don’t worry – so schlimm ist es gar nicht in diesen Vierteln. Würde man Sie nun fünf Jahre später fragen, ob Sie sich trauen würden, abends durch eins der genannten Viertel zu spazieren, würden Sie sich daran erinnern, dass es geht!

Jeder hat unterschiedliche Erfahrungen, unterschiedliches Wissen und erprobte Strategien, auf die er sich verlassen kann. Verlassen Sie sich wieder öfter auf Ihre Lebenserfahrungen, Ihren Instinkt und Ihre Fähigkeiten.

Verlassen Sie sich wieder öfter auf Ihre Lebenserfahrungen, Ihren Instinkt und Ihre Fähigkeiten.

Glücklich ist, wer seinen eigenen Weg geht

Und … ich mach mein Ding,
ganz egal, was die anderen sagen.
Ich gehe meinen Weg,
ob gerade, ob schräg, das ist egal,
ich mach mein Ding,
ganz egal, was die anderen labern,
was die Schwachmaten einem so raten,
das ist egal,
ich mach mein Ding …

Udo Lindenberg

Haben Sie auch das Gefühl, dass Sie Ihren eigenen Weg machen? Ihr eigenes Ding machen?
Oft ist es so, dass wir uns darin verlieren, anderen gefallen zu wollen. Das richtige Auto für die Nachbarschaft fahren, die richtige politische Einstellung für die Freunde oder den Stammtisch, die richtigen Pflanzen im Garten … Immer wollen wir in Harmonie mit unserer Umwelt leben. Wir Menschen sind Meister der Anpassung. Anpassung ist eine Überlebensstrategie, welcher wir seit Jahrtausenden das Überleben verdanken.
Oft sind wir nur auf der Suche nach Anerkennung und verbiegen uns, um anderen zu gefallen. Manch einer ergreift einen Beruf, der den Eltern gefällt, heiratet die Partnerin oder den Partner, den die Familie gern hätte. Wir

machen uns so oft von der Meinung anderer abhängig, nur um geliebt zu werden. Wir laufen mit der Herde. Auch das ist eine alte Anpassungsstrategie, die uns genetisch von unseren Vorfahren mitgegeben ist, um uns die besten Überlebenschancen zu bieten. Nur nicht auffallen, denn wer auffällt oder zurückfällt, den holt der Löwe, der wird Opfer. Wie in der Natur, so wird der, der auffällt, auch gern in unserem zivilisierten Alltag ein Opfer von Mobbing oder Bullying.

Oft sind wir nur auf der Suche nach Anerkennung und verbiegen uns, um anderen zu gefallen.

Eine Frau geht mit ihrer Freundin einkaufen und fragt diese immer wieder um Rat, ob ihr dies oder das Kleid besser stehe. Letztendlich kauft sie das, was der Freundin gefällt. Eigentlich schade – wir fragen ständig andere, was wir tun „wollen", und verlieren so unsere Authentizität. Oft erpressen andere uns direkt oder indirekt. Partner oder Kinder nehmen uns in emotionale Zwickmühlen nach dem Motto „Wenn du mich liebst, dann machst du das …". Wir lassen uns viel zu oft darauf ein, allzu systemkonform zu sein. Wir tragen die gleiche Kleidung wie andere, wir fragen andere um Rat, in welchen Kinofilm wir gehen sollen oder was wir dem Partner zum Geburtstag schenken könnten.

Haben Sie auch manchmal das Gefühl, die Erwartungen der anderen erfüllen zu müssen? Hier ist nicht Ihr Arbeitsplatz zu verstehen, an welchem Sie sich vielleicht voll und ganz in ein System eingliedern müssen. Nein, denken Sie bitte an Ihr Privatleben. Sehnen Sie sich nach dem harmonischen Gefühl, dass alle einer Meinung mit Ihnen sind? Sind Sie bereit, sich dafür immer wieder zu verbiegen, anzupassen, Ihre Authentizität aufzugeben, um mit der Masse zu verschwimmen? Ist Ihnen das Gefühl unangenehm, dass irgendwer aus Ihrem persönlichen Umfeld Sie nicht mag? Denken Sie manchmal darüber nach, dass Sie viel zu oft Ja sagen, wo sie lieber Nein gesagt hätten?

Wie ist es mit all den Entscheidungen von größerer Tragweite, die in Ihrem Leben stattgefunden haben? Wie haben Sie diese Entscheidungen getroffen? Aus einem Bauchgefühl, einem Instinkt heraus, gut recherchiert oder mit dem Rat Dritter?

Wir lernen bereits sehr früh im Leben, was man tut und was man nicht tut. Dass man etwas „Anständiges" lernen soll, einen „ordentlichen" Beruf ergreifen soll. Wir gehorchen als junger Mensch, lassen uns oft beeinflussen und passen uns den gesellschaftlichen Vorgaben an. Dabei machen wir schon den ersten Schritt, unsere Authentizität aufzugeben. Bei der kleinsten Abweichung von dem uns aufgezwungenen Weg haben wir bereits Gewissensbisse. Bereits in der Pubertät rebellieren viele gegen den von Eltern, Schule und Gesellschaft vorgeschriebenen Weg. Erste Träume vom Weglaufen, alternativen Leben und Auswandern entstehen oft in dieser Zeit. Wir unterwerfen uns schließlich dem Druck und machen das, was man von uns erwartet.

Wir lernen bereits sehr früh im Leben, was man tut und was man nicht tut.

Oft vergleichen wir uns auch mit anderen, um unseren Erfolg daran zu messen. Das fängt mit materiellen Dingen an wie Handy oder Computer und ist später der neue Golf oder Mercedes vor der Haustür, der natürlich auch unserem Nachbarn imponieren und Zeugnis unseres Erfolgs ablegen soll. Erreichen wir nicht das, was gerade gesellschaftlich vorgegeben ist, fühlen wir uns klein, machtlos, hoffnungslos – als Versager. Wir begeben uns in eine Zwickmühle, machen und tun und trauen uns bis zum Burn-out-Syndrom dort nicht mehr heraus. Wir verpassen alle Entwicklungsmöglichkeiten, weil wir oft nicht einmal in uns hineinhorchen, was wir selbst wollen. Wir tun das, was die anderen wollen und fühlen uns eben mies. Entscheiden wir uns hingegen, einen eigenen instinkt- und gefühlsgeprägten Weg zu gehen, dann können wir Erfolg haben – wir können aber auch scheitern. Das Gefühl des Scheiterns auf unserem Weg schmeckt jedoch nur halb so schal wie das kümmerliche Gefühl eines aufgezwungenen Lebensstils.

Wenn ich hier vom eigenen Weg rede, dann meine ich, dass dies der Weg sein soll, der Sie zu innerer Zufriedenheit führen soll. Ob Sie dabei reich werden, kann ich Ihnen nicht versprechen, aber ich verspreche Ihnen, dass Sie zumindest reich an positiven Gefühlen werden.

Ernüchterung in einer schwierigen Lebenssituation oder in einer Krise ist der rechte Moment, über ein neues Leben und eine bessere Zukunft nachzudenken. Es ist nie zu spät, Ihren eigenen Weg zu gehen. Den eigenen Weg gehen hat nichts mit Egoismus zu tun. Es geht hier darum, dass Sie verstehen lernen, dass Sie ein Individuum sind. Sie sind weder Ihre Freundin noch Ihr Mann, Ihre Frau und auch nicht Ihre Kinder oder Geschwister. Sie sind Teil einer Gruppe, einer Familie oder eines Volkes – aber Sie bleiben immer ein ganz individuelles und unverwechselbares Wesen. Lernen Sie Ihre wahre und individuelle Persönlichkeit zu zeigen. Seien Sie offen und sagen Sie Ihre Meinung. Selbstverständlich müssen Sie nicht schonungslos offen zu jedermann sein. Diplomatisch zu sein kann auch authentisch sein.

Werfen Sie einen Blick in Ihr Inneres in Ihre ganz ureigensten und ehrlichen Einstellungen, dann erfahren Sie etwas über Ihr Ich. Sie erleben dieses großartige Gefühl, jemand zu sein, eben anders als jeder andere. Lernen Sie sich selbst anzunehmen, mit jeder kleinen Rolle Hüftspeck oder dem leichten Sprachfehler, mit all den kleinen Fehlern, die wir so an uns feststellen. Entdecken Sie Ihr Ich, dann haben Sie die Chance, authentisch zu leben und nicht eine Identität anzunehmen. Identisch zu sein bedeutet, sich mit Dingen in der Außenwelt zu identifizieren, eine Rolle anzunehmen. Sobald Sie sich mit dieser Rolle identifizieren, verlieren Sie ein Stück Ihres Ich.

Entdecken Sie Ihr Ich, dann haben Sie die Chance, authentisch zu leben.

Wir sind Individuen, also individuell. Mit dem ersten Gedanken, den wir als junger Erdenbürger in unserem Gehirn denken, mit der Entwicklung unserer Persönlichkeit vom Säugling bis zum jungen Erwachsenen beginnt unsere Individualität. Im Normalfall zeigen wir diese Individualität und leben sie aus. Eine gesunde Individualität hat eigene Ansichten, ein eigenes Auftreten und wird damit unverwechselbar.

Im Normalfall unterstreichen wir das, was wir unter unserer Individualität verstehen, mit unserem Stil, unserer Frisur und Kleidung. Wir zeigen, wer wir sind oder wie wir uns zumindest empfinden oder gern sein würden. Hier müssen wir aufpassen, dass wir keine Scheinindividualität entwickeln, weil wir die Frisur tragen, die gerade jeder hat, und die Ansichten haben, die gerade gut ankommen. Das ist das Gegenteil von Individualität. Bitte versuchen Sie, sich kennenzulernen, horchen Sie in sich hinein. Dann werden Sie Ihre eigene Individualität erfahren. Stellen Sie fest, was wirklich Ihre Ansichten sind, wie Sie wirklich gern angezogen wären. Prüfen Sie, ob Sie Ihren eigenen Weg gehen, oder den, den Medien, Freunde, Kollegen oder Bekannte Ihnen vorgeben.

Wie steht es um Ihr Selbstbewusstsein? Ein zu schwaches Selbstbewusstsein führt häufig dazu, dass wir uns kaum trauen, den Mund aufzumachen und unsere Meinung kundzutun. Versuchen Sie, nicht aus Angst vor Ablehnung einfach mit allem einverstanden zu sein. Sie werden es nicht schaffen, es allen rechtzumachen. Was dem einen recht ist, wird dem anderen vielleicht missfallen. Gerade in größeren sozialen Gruppen wie am Arbeitsplatz bilden sich schnell zwei Lager. Sind Sie einem aus dem einen

Lager gefällig, dann wird man Sie in der anderen Gruppe ablehnen. Sie können sich also in Gruppen immer anstrengen, wie Sie wollen, Sie werden niemals mit jedem in Harmonie leben.

Sie sind nicht dafür da, um immer die Erwartungen anderer zu erfüllen. Sie müssen lernen und in Kauf nehmen, mit der Ablehnung anderer zu leben. Sobald Sie Angst haben, dass Ihr Gegenüber Sie nicht mehr leiden kann, wenn Sie dessen Erwartungen nicht entsprechen, geben Sie dem anderen Macht über sich. Sie sind dann jederzeit lenkbar und beeinflussbar. Natürlich heißt das nicht, dass Sie grundsätzlich alle Erwartungen z. B. innerhalb Ihrer Familie und im Freundeskreis notorisch ablehnen oder ignorieren sollen. Sie und auch die anderen können gegenseitige Erwartungen formulieren. Ob Sie diese erfüllen, entscheiden Sie einfach anhand der Sachlage. Bilden Sie sich ein individuelles Urteil.

Wir sind nicht dafür da, um immer die Erwartungen anderer zu erfüllen.

Wenn Sie damit beginnen, Ihren eigenen Weg zu gehen, werden Sie oft den Erwartungen Ihres Umfeldes nicht mehr entsprechen. Man wird Ihnen das wahrscheinlich recht schnell mitteilen. Lernen Sie, Ihre eigene Meinung zu den Dingen mitzuteilen. Heucheln Sie keine Zuneigung, wenn Sie diese nicht für den anderen verspüren. Seien Sie positiv und freundlich, aber Sie selbst. Stehen Sie mit allen auf gutem Fuße, aber geben Sie sich nicht dabei auf. Sie sind Ihr eigener Herr, und wie Sie wissen, kann man nicht mehreren Herren dienen. Halten Sie es mit Dante Alighieri, der sagte: „Geh deinen Weg und lass die anderen reden." Mit der Zeit wird auch Ihr Umfeld Ihre Individualität anerkennen. Denken Sie jeden Tag daran, dass das ganze Leben Entwicklung ist, dynamisch, veränderlich. Wenn Sie wollen, dann ändern Sie jetzt etwas.

Das ganze Leben ist Entwicklung, dynamisch und veränderlich.

Machen Sie eine kleine Übung, um Ihrem eigenen Weg etwas näherzukommen. Lesen Sie sich einmal die folgenden Fragen durch:

- Welchen Beruf hätte ich lieber?
- Wo würde ich lieber leben?
- Was würde ich am liebsten ändern?
- Welche Ziele könnten meine sein?
- Wonach ist mir gerade?
- Welche Talente und Fähigkeiten habe ich?
- Was sind meine geheimsten Bedürfnisse?
- Was sind meine Schwächen?
- Wohin will ich?
- Gibt es eine Art Bestimmung für mich?
- Was würde mich aufrechterhalten, wenn ich kein Geld, keine Güter, keinen Komfort hätte?

Beantworten Sie sich nun diese Fragen mit ein paar Worten und denken Sie darüber nach, wie es wäre, etwas zu verändern. Arbeiten Sie hin und wieder ein paar Minuten an diesen Eintragungen und notieren Sie sich von Zeit zu

Zeit, ob Sie bereits eine Veränderung in Ihrem Leben vorgenommen haben oder sehen.
Bedenken Sie, dass die „Eigene-Weg-Fantasien“, die Sie dabei entwickeln, keineswegs davon abhängig sein sollen, ob sie Prestige oder Anerkennung bringen. Schon der erste Schritt auf dem eigenen Weg wird Sie wachsen lassen. Ob es Ihr eigener Weg ist, einen neuen Beruf zu lernen, auszuwandern, endlich zu heiraten, den Jakobsweg zu gehen, das Hobby zum Beruf zu machen, Kinder zu bekommen oder ins Kloster zu gehen, ist völlig gleichwertig. Es gibt keine Hierarchie zwischen hohen und minderwertigen Zielen. Das höchste Ziel ist die Authentizität. Seien Sie unverwechselbar.

Das höchste Ziel ist die Authentizität: Seien Sie unverwechselbar!

Es ist nicht wichtig, ob wir den eigenen Weg zu Ende gehen, es ist nur wichtig, dass wir ihn überhaupt gehen.

Vor dem Ende sprach Rabbi Sussja: „In der kommenden Welt wird man mich nicht fragen: ‚Warum bist du nicht Mose gewesen?‘ Man wird mich fragen: ‚Warum bist du nicht Sussja gewesen?‘“

Martin Buber, Die Erzählungen der Chassidim

Glücklich ist, wer bewusst lebt

Leben Sie bewusster, um glücklich zu werden. Achtsamkeit, im Englischen mindfulness, ist ein Begriff, der in zweierlei Hinsicht genannt werden kann. Achtsam sein bedeutet, alle inneren und äußeren Vorgänge mit einer ruhigen und bewussten Aufmerksamkeit zur Kenntnis zu nehmen. Achtsamkeit ist viel mehr als Konzentration. Konzentration bedeutet Fokussierung auf ein bestimmtes Thema, Objekt oder eine bestimmte Aufgabe. Konzentration ist eher als ein Vorgang mit Anspannung zu sehen. Achtsamkeit ist eine Erfindung des Zen-Buddhismus, etwa 1500 Jahre alt.

Achtsamkeit ist eine Erfindung des Zen-Buddhismus, etwa 1500 Jahre alt.

Erste und wichtigste Maßgabe, um achtsam zu sein, ist es, eine gewisse Metaposition bei allem Handeln einzunehmen. Das heißt, wir müssen eine Position über dem Ich, gewissermaßen ein Überbewusstsein trainieren: „Was tue ich da gerade, wie tue ich es?“ Diese Metaposition ermöglicht es uns, uns nicht in einer Tätigkeit oder Handlung zu verlieren, ohne sie bewusst zur Kenntnis zu nehmen. Wie oft automatisieren wir all die täglichen Dinge: Wir putzen die Zähne und denken dabei an unsere Arbeit, wir arbeiten und denken daran, dass wir neue Schuhe kaufen wollen, wir kaufen neue Schuhe und denken daran, dass wir bei Oma Gertrud eingeladen sind oder dringend die Gasrechnung überweisen müssen.

Achtsam sein heißt auch, nur das zu tun, was wir gerade tun, eben achtsam und bewusst. Wir sind oft während unseres Alltages unachtsam und gedanklich bereits zwei Meter über das Ziel hinaus, bevor wir es überhaupt erreicht haben. Wir stehen schon, während wir noch sitzen, wir gehen schon, während wir noch stehen. Achtsamkeit heißt, gerade eine einzelne Sache zu tun und diese wahrzunehmen. Sitzen, und zwar bewusst zu sitzen, nachdem wir uns hingesetzt haben. Die Sonnenstrahlen zu genießen, bewusst zu genießen und nicht bereits an den Regen zu denken, der sich vielleicht anschließt. Der berühmte Philosoph Meister Eckhart bringt es auf den Punkt: „Die wichtigste Stunde ist immer die Gegenwart."

In diesem Buch haben Sie erfahren, wie Sie bewusster genießen, besser leben und erfolgreicher sein können. Achtsamkeit ist gewissermaßen die Steigerung und Professionalisierung davon. Achtsamkeit ist in keinem Fall konträr zur Zukunft. Sie können auch ganz bewusst Zukunftsträume haben und diese sehr genau zur Kenntnis nehmen. Sich in Ruhe in der Sonne liegend vorzustellen, dass Sie bald ein berühmter Sänger sind und dies ganz bewusst wahrzunehmen, sich bewusst diese Träume einzupflanzen, das ist ebenfalls achtsam.

Sobald Sie eine Art Überbewusstsein bei allen Gedankenvorgängen spüren, haben Sie eine Stufe von Achtsamkeit erfahren. Ich persönlich sitze gerade im Garten unter einem Sonnenschirm und schreibe diese Zeilen. Ich denke nur an diese Zeilen und nicht daran, was ich heute sonst noch tun werde. Ich denke auch nicht daran, ob irgendwer dieses Buch jemals kaufen wird. Mich interessiert in diesem Moment gerade genau das, was ich hier tue, nämlich über Achtsamkeit zu schreiben. Gleichzeitig verspüre ich das Gefühl, dass ich mich dabei auch – wenn ich mag – selbst beobachten kann, aus einer höheren und imaginären Position gewissermaßen. Das ist ganz unspektakulär, man muss keinerlei Lehrgänge und Wochenendseminare dafür machen. Um achtsam zu sein, müssen Sie kein Mönchsgewand anziehen und sich auch nicht den Kopf kahl scheren lassen. Sie müssen auch nicht in tiefe Meditation versinken. Wenn Sie lernen, genau das zu tun, im Inneren wie im Äußeren, was Sie gerade tun, dann hat das bereits ganz viel mit Achtsamkeit zu tun. Wenn Sie darüber hinaus auch noch eine relative emotionale Gelassenheit gegenüber all den anderen Dingen an den Tag legen, die Ihnen währenddessen durch den Kopf gehen, dann ist das der nächste Schritt.

Sobald Sie eine Art Überbewusstsein bei allen Gedankenvorgängen spüren, haben Sie eine Stufe von Achtsamkeit erfahren.

Lassen Sie uns eine Übung machen: Gerade lesen Sie dieses Buch. An was denken Sie gerade? Wenn Sie jetzt umschalten müssen, um in Ihrem Gehirn eine Rückfrage zu starten, an was Sie denken, dann waren Sie nicht achtsam. Wenn Sie achtsam waren, dann wissen Sie jetzt spontan auf die Frage innerlich zu antworten, dass Sie gespannt und bewusst diese

Zeilen gelesen haben. Wenn außerdem hin und wieder der Abwasch durchs Gehirn zuckt oder Ihr Job am Montag und Sie trotzdem relativ gelassen wieder zum Lesen mit voller Aufmerksamkeit und vollem Genuss zurückkehren konnten, dann haben Sie verstanden, was Achtsamkeit ist. Sollte der Abwasch oder Oma Gertrud Sie in Ihren Gedanken jedoch ständig beim Lesen aus dem Konzept bringen, dann müssen Sie noch ein wenig am Achtsamkeitskonzept arbeiten. Die Übung für Sie lautet dann: „Okay, ich nehme gerade ganz bewusst wahr, dass Oma Gertrud mir Sorgen macht. Hier gibt es eine Aufgabe zu erledigen, die mir Angst macht und deshalb ständig an mein Bewusstsein dringt, um einer Lösung zugeführt zu werden." Jetzt können Sie bewusst entscheiden, ob Sie dieses Problem gerade lösen können, um dann entspannt zum Lesen zurückzukehren oder nicht. Im Zweifelsfall sollten Sie das Lesen dann an dieser Stelle erst einmal aufgeben, um sich einer anderen Aufgabe zu widmen, die Ihnen wichtiger ist.

Die größte Stufe von Achtsamkeit ist die der ungeteilten Aufmerksamkeit: sich einer Sache vollständig hinzugeben, ohne im Hintergrund über andere Dinge nachzudenken oder zu grübeln. Den gegenwärtigen Augenblick voll und ganz hinzunehmen, ohne sich zu sorgen, ohne geplagt zu sein von dem Gedanken, jetzt gerade etwas ändern zu müssen. Daraus erfolgt das Gefühl, eine tiefe innere Balance zu erleben und mit sich in Harmonie zu sein.

Die größte Stufe von Achtsamkeit ist die der ungeteilten Aufmerksamkeit.

Es ist anfangs gar nicht so einfach, achtsam zu sein, wenn wir damit beginnen wollen. Die überwiegende Zeit verlieren wir uns in Gedankenströmen, in Visionen, im Bereuen von Gestern, im diffusen Hoffen auf das Morgen, in Wünschen, Begehren, Konflikten, Problemen …

Fangen Sie langsam an, Achtsamkeit zu üben. Lernen Sie zunächst den gegenwärtigen Zustand wahrzunehmen. Was ist gerade, was tun Sie gerade, was war Ihr Wunsch zu tun kurze Zeit vorher, bevor Sie mit dem Tun begonnen haben? Halten Sie inne, horchen Sie in sich, schauen Sie auf sich und um sich: Was ist gerade? Nehmen Sie das, was ist, ganz bewusst und ohne Bewertung wahr. Im Laufe der Zeit werden Sie mit mehr Achtsamkeit große psychische und auch physische Erfolge und Verbesserungen bei sich spüren. Sie werden weniger Stress empfinden. Sie werden sich weniger fremdgesteuert empfinden als vorher, sei es privat als auch am Arbeitsplatz. Sie lernen Stresssituationen besser zu bewältigen und sich besser und schneller zu entspannen.

Solche Achtsamkeitsübungen können Sie jeden Tag machen. Spüren Sie einfach mal beim Zähneputzen nach, wie es sich anfühlt. Oder beim Duschen, wie die einzelnen Wassertropfen auf Ihren Körper plätschern. Wenn Sie im Auto zur Arbeit fahren: Nehmen Sie das Fahren bewusst wahr, denken Sie nicht ständig an andere Dinge. Machen Sie alle Dinge ab sofort bewusster und achtsamer.

Insbesondere können Sie beim Essen sehr gut Achtsamkeit üben. Spüren Sie doch einmal, wo auf Ihrer Zunge die verschiedenen Regionen angesiedelt sind, die süß, sauer, bitter oder salzig schmecken können. Essen Sie Ihren Salat und konzentrieren Sie sich auf dieses eine Blatt. Essen Sie langsam und genussvoll. Spüren Sie nach, wie es sich anfühlt, satt zu sein. Versuchen Sie die Lebenskraft zu spüren, die durch das Essen in Ihrem Körper entsteht. Es gibt eine schöne Redensart für jemanden, der etwas ganz achtsam macht: „Er ist mit Leib und Seele dabei."

Lernen Sie die Feinde des Achtsamkeitsprinzips zu identifizieren. Ständig sind wir von unzähligen Informationsquellen umgeben. Der Input über unsere Sinne ist gigantisch. Unser Hypothalamus im Gehirn entscheidet nach bereits gesetzten Filtern, was gerade für uns wichtig ist, und lässt dies bevorzugt zu unseren kortikalen Hirnarealen durch, die der Wahrnehmung zugeordnet sind. Ob wir von Informationen überflutet und genervt werden, ist letztendlich ein Produkt unseres eigenen Willens. Wenn wir zum Beispiel ständig sehnsüchtig die Werbung eines Elektronikunternehmens im Fernsehen anschauen und uns nichts sehnlicher wünschen, als uns all die Schnäppchen dieses Ladens zu sichern, dann wird unser Hypothalamus beim nächsten Sinnesreiz, der mit Angeboten in Radio und Fernsehen zu tun hat, dafür sorgen, dass wir „ganz gespannt, ganz Ohr" sind. Wir selbst setzen unsere Filter. Wenn wir statt dessen glücklich und versonnen an einem Strand auf

Lernen Sie die Feinde des Achtsamkeitsprinzips zu identifizieren.

Mauritius liegen, die Sonne und den sanften Wind genießen und uns all dem voll und ganz hingeben, wird kein einziger Gedanke an Flachbildfernseher und Supercomputer in unser Bewusstsein dringen.

Sind wir mit uns und dem, was wir gerade tun, ganz eins, dann schaffen wir es auch ganz mühelos, andere Informationsquellen – ob von außen oder aus unserem Unterbewusstsein – voll und ganz auszublenden. Ganz eins sein heißt demzufolge aber auch, alles ganz bewusst zu erleben, selbst das Staubsaugen in der eigenen Wohnung. Wir müssen raus aus der Automatisierung, der Alltagstrance, mit der wir alle Jobs erledigen. Bewusst werden, aufwachen, achtsam sein. Die wesentlichen Grundpfeiler des Achtsamkeitskonzepts beruhen auf der liebevollen Akzeptanz und bewussten Wahrnehmung dessen, was gerade in uns und um uns herum vorgeht. Das „in uns“ besteht aus den willentlichen Dingen, die wir gerade tun und all den spontanen, aus dem Unbewussten aufkeimenden, Bildern, Ideen, Einfällen, Gedanken, Sorgen, Ängsten.

Überprüfen Sie jetzt bitte noch einmal, ob Sie gerade ganz achtsam sind. Sie sind gerade:

- Voll und ganz vertieft in das, was Sic lesen.
- Es ging Ihnen gerade kein Gedanke an irgendwelche Alltagsdinge durch den Kopf.
- Sie lassen sich ganz unvoreingenommen auf das ein, was Sie gerade lesen.
- Sie sind gerade ganz gelassen.
- Sie haben gerade alle Probleme losgelassen.

Im Buddhismus sind 37 Dinge zu tun, um zur Erleuchtung zu gelangen. Was die Achtsamkeit betrifft, nennt der Buddhismus vier Grundlagen:

- Achtsamkeit auf den Körper,
- Achtsamkeit auf die Gefühle,
- Achtsamkeit auf den Geist,
- Achtsamkeit auf die Geistesobjekte.

Im Buddhismus bedeutet Achtsamkeit, sich aller alltäglichen Handlungen bewusst zu werden, die Haltung des reinen Beobachtens einzunehmen und dadurch Gedankenklarheit und Kontrolle über den Geist zu erlangen. Achtsam zu sein, ist die Grundlage dafür, unser Glück überhaupt zu erkennen.

Schlusswort

Vielleicht haben Sie in den vorangegangenen Kapiteln eine neue Idee vom Glück bekommen, eine neue Begriffsbestimmung. Fest steht: Glück hat für jeden Menschen eine andere Bedeutung. Leben Sie Ihr persönliches Glück jeden Tag aufs Neue. Warten Sie nicht auf die ferne Zukunft, denn Ihr Glück ist heute schon möglich. Mit dem Glauben an sich und dem Glauben an die Dinge, die Sie tun oder wünschen, werden Sie mehr erreichen, als Sie sich jemals vorgestellt haben.

Glück liegt in jedem von uns. Wichtige Kriterien, „Glück" zu haben, sind Zufriedenheit, Freude, Harmonie, das Gefühl, etwas Gutes zu tun, gebraucht zu werden und Freiheit zu empfinden durch selbstbestimmtes Leben. Es sind die kleinen Glücksmomente im Hier und Heute, die sich aneinandergereiht wie eine wunderbare Perlenkette des Glücks durch unser Leben ziehen.

- Halten Sie den Augenblick achtsam fest.
- Nehmen Sie sich voll und ganz an.
- Versuchen Sie, das Glück zu erkennen.
- Versuchen Sie, Ihren Traum zu leben.
- Gehen Sie Ihren eigenen Weg.
- Lernen Sie, zu genießen.
- Schaffen Sie Balance zwischen Arbeit und Freizeit.
- Lernen Sie, sich zu entspannen und zu entstressen.
- Sehen Sie Chancen statt Probleme.

- Ordnen Sie das, was zu ordnen nötig ist.
- Seien Sie tolerant.
- Denken Sie positiv und erwarten Sie Positives.
- Finden Sie Ihren ganz persönlichen Sinn.
- Lassen Sie auch mal fünf gerade sein.
- Erkennen Sie sowohl Ihre Stärken als auch Ihre Schwächen.
- Visualisieren Sie Ihr Glück.
- Träumen Sie jeden Tag von Ihrem Ziel.
- Glauben Sie an sich.

Aus den Wolken muss es fallen,
Aus der Götter Schoß das Glück,
Und der mächtigste von allen
Herrschern ist der Augenblick.

Friedrich Schiller, Die Gunst des Augenblicks

Mit diesen weisen Worten Schillers wünsche ich Ihnen viel Glück bei der Umsetzung der einen oder anderen Idee aus diesem Buch. Wie Sie erkannt haben, ist Glück nicht etwa etwas, das in weiter Ferne liegt und worauf wir sehnsüchtig warten und hoffen müssen. Nein, Glück ist nur eine Philosophie, eine vollkommene Betrachtungsweise der positiven Aspekte unseres Lebens. Über „glücklich" und „unglücklich sein" entscheiden unsere Überzeugungen, Gedanken, Erwartungen. Denken Sie sich glücklich!